I0885262

Édifier une culture fiscale, du civisme et de citoyenneté

UN DOCUMENT DE RÉFÉRENCE GLOBAL DE L'ÉDUCATION DES CONTRIBUABLES

OCDE
DES POLITIQUES MEILLEURES POUR UNE VIE MEILLEURE

FIIAPP
COOPERACIÓN ESPAÑOLA

EUROsociAL
PROGRAMA PARA LA COHESIÓN SOCIAL EN AMÉRICA LATINA

Cet ouvrage est publié sous la responsabilité du Secrétaire général de l'OCDE. Les opinions et les interprétations exprimées ne reflètent pas nécessairement les vues officielles des pays membres de l'OCDE, de la Fondation internationale et pour l'Ibéro-Amérique d'administration et de politiques publiques ou de l'Union européenne.

Ce document et toute carte qu'il peut comprendre sont sans préjudice du statut de tout territoire, de la souveraineté s'exerçant sur ce dernier, du tracé des frontières et limites internationales, et du nom de tout territoire, ville ou région.

Merci de citer cet ouvrage comme suit :
OCDE/La Fondation internationale et pour l'Ibéro-Amérique d'administration et de politiques publiques (FIIAPP) (2015), *Édifier une culture fiscale, du civisme et de citoyenneté : Un document de référence global de l'éducation des contribuables*, Éditions OCDE, Paris.
http://dx.doi.org/10.1787/9789264230163-fr

ISBN 978-92-64-23015-6 (imprimé)
ISBN 978-92-64-23016-3 (PDF)

Les données statistiques concernant Israël sont fournies par et sous la responsabilité des autorités israéliennes compétentes. L'utilisation de ces données par l'OCDE est sans préjudice du statut des hauteurs du Golan, de Jérusalem-Est et des colonies de peuplement israéliennes en Cisjordanie aux termes du droit international.

Crédits photo : Couverture © designaart-Fotolia.com.

Les corrigenda des publications de l'OCDE sont disponibles sur : *www.oecd.org/about/publishing/corrigenda.htm*.

Avant-propos

L'éducation des contribuables devient rapidement un domaine d'action stratégique pour les administrations fiscales. À l'heure où les États et leurs services fiscaux dans le monde entier envisagent des approches innovantes pour compléter leurs techniques traditionnelles fondées sur la mise en application, ils se tournent vers les programmes d'éducation des contribuables afin d'améliorer la discipline et le civisme fiscal.

Parallèlement, les administrations fiscales poursuivent leur mutation, passant du rôle de collecteur de l'impôt à celui de prestataire de services pour les citoyens, en se positionnant à la jonction entre l'État et les citoyens. Cette transformation reflète la prise de conscience croissante du fait que le recouvrement de l'impôt peut aussi renforcer le sentiment de responsabilité entre les citoyens et l'État, en plus de dégager les recettes nécessaires pour financer des services essentiels.

La publication *Édifier une culture fiscale, du civisme et de citoyenneté : un document de référence global de l'éducation des contribuables* rend compte de ce changement de perspective en analysant un certain nombre d'idées novatrices en matière d'éducation des contribuables en Afrique du Nord, en Afrique subsaharienne, en Amérique latine, en Asie, dans la région de la Baltique, dans les Caraïbes et au Moyen-Orient. Elle traite en priorité des efforts déployés par les administrations fiscales nationales pour expliquer aux citoyens comment et pourquoi s'acquitter de leurs impôts, tout en faisant le lien avec la dépense sociale – l'autre terme de l'équation des finances publiques.

Ce rapport est un produit phare du Groupe de travail de l'OCDE sur la fiscalité et le développement, créé en 2010 pour refléter l'importance de mieux mobiliser les ressources intérieures, moyen pour les pays d'être maître de leur développement. Ce Groupe de travail conseille l'OCDE sur ce qu'il faut faire pour créer les conditions permettant aux pays en développement de collecter l'impôt de façon juste et efficace.

Nous espérons que ce rapport apportera une contribution supplémentaire aux débats et aux études qui se font jour partout dans le monde sur l'importance de l'éducation des contribuables et son rôle dans les stratégies modernes de collecte de l'impôt. Nous souhaitons insister sur le rôle de la coopération au développement à l'appui des systèmes fiscaux dans les pays en développement. Nous espérons que ce guide aidera les professionnels du développement à comprendre comment intégrer des modules d'éducation des contribuables dans leurs futurs programmes de coopération au développement et qu'il sera une source d'inspiration pour l'élaboration de stratégies et de campagnes de sensibilisation et de mobilisation.

Remerciements

Ce guide sur l'éducation des contribuables a été demandé par le Groupe de travail de l'OCDE sur la fiscalité et le développement, et est le fruit d'un partenariat entre l'OCDE et EUROsociAL II, le programme régional de l'Union européenne pour la cohésion sociale en Amérique latine dirigé par la Fondation internationale et pour l'ibéro-amérique d'administration et politiques publiques (FIIAPP). Il a été réalisé et coordonné par Keith Patterson, conseiller du programme fiscalité et développement (OCDE), sous la direction de Ben Dickinson, Chef du programme fiscalité et développement (OCDE) et en étroite collaboration avec Borja Díaz Rivillas, responsable des finances publiques et de la bonne gouvernance (FIIAP) qui a coordonné et édité les chapitres consacrés aux pays latino-américains et a contribué à l'aperçu général. Nous remercions tout particulièrement Marc Berenson, de l'Institute of Development Studies, qui a conçu une grande partie du contenu de cet ouvrage.

Cet ouvrage n'aurait pas été possible sans les contributions essentielles d'agents motivé et zélés au sein de 28 administrations fiscales dans le monde entier, qui s'emploient à convaincre leurs concitoyens que payer leur impôt est important pour eux en tant qu'individus et pour le bien de leur pays, et à leur montrer qu'il est de plus en plus facile de le faire grâce aux nouvelles technologies. Dans certains cas, ils doivent également convaincre leurs supérieurs que l'éducation des contribuables sert l'intérêt stratégique à long terme de l'administration proprement dite. Ces hommes et ces femmes ont apporté des contributions essentielles pour cette publication en prenant le temps de répondre aux enquêtes, aux formulaires et aux questions.

Nous souhaitons remercier en particulier : au Bangladesh, Khan Meftha Uddin, directeur général, Bangladesh Civil Service (BCS) ; au Bhoutan, l'Académie fiscale et Ugyen Wangdi, collecteur adjoint, Département des recettes et des douanes, Division de l'administration fiscale au ministère des Finances ; au Brésil, Antônio Henrique Lindemberg Baltazar, inspecteur des impôts, coordonnateur de l'éducation fiscale, Secrétariat du ministère fédéral des Finances du Brésil, Clóvis Belbute Peres, inspecteur des impôts, Secrétariat du ministère fédéral des Finances du Brésil et João Maurício Vital, inspecteur des impôts, coordonnateur général de la division des services aux contribuables et de l'éducation fiscale, Secrétariat du ministère fédéral des Finances du Brésil ; au Burundi, Domitille Mukandori, directeur de la division de la communication et des services au contribuable, Administration fiscale du Burundi (OBR) ; au Chili, Jorge Guzman, chef du programme interne d'éducation fiscale ; en Colombie, Francisco Ruiz Peronard, conseiller auprès du directeur général de la Direction nationale des impôts et des douanes (DIAN) ; au Costa Rica, Billie Brenes, directeur des services aux contribuables à la Direction générale des impôts et Daniela Chacón, sous-directrice de l'éducation et de la culture fiscale à la Direction générale des impôts ; en Égypte, Wagdy Abdelkader, Bureau technique du ministre égyptien des Finances ; au Salvador, Evelyn Carballo, chef du département de l'éducation fiscale, Direction générale des taxes intérieures du Salvador ; le Bureau estonien des impôts et des douanes ; au Guatemala,

Sergio Estrada, consultant, programme d'éducation à la culture fiscale, Surintendance de l'administration fiscale (SAT) ; en Jamaïque, Meris Haughton, directeur des communications, Administration fiscale de la Jamaïque ; au Kenya, Ezekiel Maru, sous-commissaire aux affaires fiscales, Administration fiscale du Kenya ; en Corée, le Service national coréen de l'impôt ; au Liban, Thérèse Ghossein, directrice, Bureau du civisme fiscal, ministère des Finances ; en Malaisie, le Service du revenu intérieur de Malaisie ; à Maurice, Naimduth Bissessur, directeur, Administration fiscale de Maurice ; au Mexique, Carlos Malpica, chef du programme national d'éducation fiscale, Service d'administration fiscale (SAT) ; au Maroc, Laila Alami Ouehhab, chef de bureau, Direction générale des impôts ; au Mozambique, Susana Raimundo, directrice, Bureau pour l'image et la communication, et Hermínio Sueia, directeur-général, Bureau de contrôle interne, Autorité fiscale du Mozambique ; au Nigéria, Emmanuel Obeta, directeur, communication et liaison, Service fédéral du revenu intérieur ; au Pérou, Carmen Vargas, coordinatrice du programme de culture fiscale SUNAT, Institution de l'administration fiscale et douanière du Pérou ; au Rwanda, Dorcella Mukashyaka, directrice des services aux contribuables, Office rwandais des recettes ; au Sénégal, Ange Mancabou, directeur, Bureau de la communication et des relations avec le public, Direction générale des impôts et des domaines ; à Singapour, l'Office du revenu intérieur de Singapour ; en Afrique du Sud, Jabulile Khumalo, Sobantu Ndlangalavu, Collen Lediga, Administration fiscale sud-africaine ; en Turquie, l'Administration fiscale turque ; en Uruguay, Margarita Faral, conseillère adjointe, Direction générale des impôts (DGI) ; et en Zambie, Bridget Chepeshi, responsable du centre d'appels et de conseils, Administration fiscale de Zambie.

Nous remercions également les représentants d'autres pays qui ont participé aux phases initiales du recueil d'informations mais dont cette version du guide ne rend pas compte.

Nous souhaitons également remercier plusieurs contributeurs qui ont enrichi ce rapport, notamment Emma Barr et Maria Kuss de l'Institute of Development Studies, Devi Thani du Secrétariat du Forum sur l'administration fiscale (OCDE), Attiya Waris de l'Université de Nairobi et Mohammed Hameed Khudhair Al-Darkazali de l'Université du Sussex. Fiona Hinchcliffe a fourni une aide rédactionnelle précieuse et Jennifer Allain a assuré la mise en page et participé à la conception graphique.

Table des matières

Tableaux

Graphique

Résumé

Les pays en développement multiplient leurs efforts pour accroître leurs recettes fiscales. Face à la récession mondiale et à l'amenuisement des fonds consacrés au développement, les ressources propres des pays doivent être mobilisées pour financer le développement durable, résorber les inégalités, offrir des services publics et construire les infrastructures nécessaires à une croissance inclusive.

Un moyen prometteur de mobiliser les ressources intérieures consiste à favoriser l'émergence d'une culture du civisme fiscal fondée sur les droits et les responsabilités, culture en vertu de laquelle chaque citoyen considèrerait que le paiement des impôts est une composante à part entière de la relation qu'il entretient avec la puissance publique. Partout dans le monde, les gouvernements et les administrations fiscales mettent en place des programmes novateurs d'éducation des contribuables visant à informer et à mobiliser les contribuables d'aujourd'hui et de demain.

Préparer la génération suivante en sensibilisant les élèves et les étudiants aux enjeux de la fiscalité est un objectif important des programmes d'éducation des contribuables. Cela peut commencer par les élèves de l'enseignement primaire et secondaire, qui se trouvent à un moment charnière de leur processus d'entrée dans la société et de prise de conscience du rôle de l'impôt. Garantir la continuité de l'éducation des contribuables jusqu'à l'université offre aussi de nombreuses possibilités d'éduquer les jeunes adultes sur les questions fiscales, dans le cadre de leur transition vers le marché du travail.

L'éducation des contribuables n'est pas seulement une stratégie pour accroître les recettes fiscales, et ne s'emploie pas exclusivement à expliquer pour quelles raisons il faut payer ses impôts. Elle vise plutôt à renforcer l'attachement au bien commun en soulignant la valeur sociale de l'impôt et son lien avec les dépenses publiques. Elle montre comment l'argent public est dépensé et insiste sur les effets délétères de la fraude fiscale et de la corruption pour un pays et pour ses citoyens. Le civisme fiscal est donc lié à la citoyenneté et à la responsabilité collective.

Pour atteindre cet objectif, les programmes d'éducation des contribuables doivent couvrir différents aspects, notamment : informer le public sur les nouvelles dispositions fiscales et méthodes de déclaration, répondre à ses interrogations, faciliter la vie des contribuables ou expliquer les risques du secteur informel qui échappe souvent à l'impôt.

Si l'expérience des 28 pays décrite dans cet ouvrage donne à penser que la question du mode optimum de mise en œuvre des programmes d'éducation des contribuables n'est pas encore tranchée, les nouvelles technologies de l'information et des communications offrent un large éventail d'approches permettant d'atteindre les publics cibles et d'optimiser l'utilisation des ressources limitées par leur effet démultiplicateur. Grâce aux pièces de théâtre, jeux vidéo, émissions télévisées et espaces de jeu interactifs, l'éducation des contribuables peut aussi être un véritable divertissement. Parmi les autres actions possibles figurent la célébration de journées annuelles de l'impôt ou l'organisation de festivals autour de la fiscalité. L'apprentissage mutuel et l'échange de savoir par le biais d'organisations fiscales régionales jouent un rôle important pour instiller et promouvoir les bonnes pratiques.

Considérées dans leur ensemble, les études de cas nationales montrent que, pour réussir, les programmes d'éducation des contribuables doivent reposer sur des partenariats, étayés par un engagement politique à haut niveau. Des partenariats solides, qu'ils soient nationaux, régionaux ou internationaux, peuvent garantir la viabilité des programmes et favoriser une mutation culturelle à long terme. Pour les programmes ciblant les élèves ou les étudiants, il est impératif de nouer de solides alliances avec le secteur éducatif du pays, généralement le ministère de l'Éducation. D'autres partenaires clés, comme les entreprises et la société civile, ainsi que des personnalités publiques de renom, comme des chanteurs, acteurs ou sportifs, peuvent également jouer un rôle actif dans les initiatives d'éducation des contribuables.

Mesurer l'impact des programmes d'éducation des contribuables est un processus assez nouveau, surtout en Amérique latine et en Afrique, qui nécessite d'engager des travaux et des recherches supplémentaires sur l'impact de l'éducation des contribuables sur l'amélioration du civisme fiscale et sur le resserrement des liens entre les citoyens et le gouvernement. Grâce à l'apprentissage mutuel, nous pouvons enrichir nos connaissances sur des aspects tels que le dialogue avec le secteur informel, l'utilisation optimale des nouvelles technologies, le rôle des entreprises et de la société civile et l'évolution des comportements sur plusieurs générations.

La coopération au développement pourrait jouer un rôle accru afin d'aider les administrations fiscales et les pouvoirs publics à surmonter les principaux obstacles à la mise en œuvre de leurs programmes d'éducation des contribuables. Ces obstacles tiennent au manque de temps et à l'insuffisance de moyens financiers et humains. Il est déjà difficile d'évaluer, de mesurer et de déterminer les causes qui provoquent des changements de comportement des contribuables ; en faire une priorité politique ou un objectif stratégique est encore plus ardu. C'est pourquoi la coopération au développement devrait s'employer à intégrer des initiatives d'éducation des contribuables dans les programmes fiscaux ou de gestion des finances publiques financés par les donateurs.

Il existe des exemples prometteurs de coopération au développement dans ce domaine, comme les travaux menés par l'Union européenne par l'intermédiaire de son programme EUROsociAL au Salvador et au Costa Rica, le soutien apporté par l'Agence allemande de coopération internationale (GIZ) dans plusieurs pays (en Zambie par exemple), ainsi que d'autres initiatives bilatérales comme celles d'USAID et de TradeMark East Africa au Burundi, de la DANIDA danoise au Bhoutan ou encore du Programme des Nations Unies pour le Développement (PNUD) au Liban.

Chapitre 1

Aperçu général : L'éducation des contribuables entre dans une nouvelle ère

Ce chapitre introduit d'abord le concept d'éducation des contribuables et comment il peut renforcer le civisme fiscal et la relation entre l'État et les citoyens. La deuxième partie résume le large éventail de moyens que les administrations fiscales nationales des pays en développement utilisent pour expliquer comment et pourquoi les impôts doivent être payés. Enfin, le chapitre met en évidence les obstacles et les défis auxquels les programmes d'éducation des contribuables sont confrontés et conclut par quelques pistes de réflexion.

Nombreux sont les pays en développement qui ont atteint une étape critique sur la voie du développement durable : ils peinent à réduire la pauvreté et les inégalités, mais aussi à fournir des services publics et à bâtir les infrastructures nécessaires à une croissance inclusive. Dans la plupart d'entre eux, la récession mondiale a freiné le rythme de croissance et, ce faisant, a amenuisé la quantité des fonds pouvant être consacrés au développement. Dans ce contexte nouveau, les États multiplient plus que jamais leurs efforts afin de percevoir davantage de recettes fiscales intérieures. Pour ce faire, ils se tournent de plus en plus vers les contribuables – ceux d'aujourd'hui et ceux de demain – afin de les informer et de les mobiliser. Leur objectif est de favoriser l'émergence d'une culture du civisme fondée sur les droits et les responsabilités, culture en vertu de laquelle chaque citoyen considèrerait que le paiement des impôts est une composante à part entière de la relation qu'il entretient avec la puissance publique. De ce point de vue, c'est à l'éducation des contribuables que revient le rôle de passerelle entre l'administration fiscale et les citoyens.

Partout dans le monde, des techniques innovantes surgissent pour édifier cette culture du civisme. Le présent recueil recense des idées venues d'Afrique du Nord et du Moyen-Orient, d'Amérique latine et des Caraïbes, d'Asie, d'Afrique subsaharienne et de l'aire baltique. La plupart – mais pas toutes – émanent de pays émergents ou en développement. Il en ressort un document de référence dans lequel les pays en développement trouveront une profusion d'idées pour mobiliser les contribuables en adoptant des approches captivantes et pratiques qui peuvent s'ajuster aux différents contextes.

Ce document de référence a été élaboré conjointement par l'OCDE et EUROsociAL (le programme régional de l'Union européenne pour la cohésion sociale en Amérique latine), en collaboration avec l'Institute of Development Studies (IDS), le Forum sur l'administration fiscale (FAF) et 28 administrations fiscales du monde entier.

Qu'est-ce que l'éducation des contribuables et à quoi peut-elle servir ?

L'éducation des contribuables concerne une grande variété d'activités et d'acteurs – depuis les programmes publics visant à promouvoir le civisme fiscal jusqu'aux efforts des organisations professionnelles pour mobiliser et représenter les intérêts de leurs membres sur les questions fiscales, ou encore aux initiatives de la société civile destinées à associer les citoyens au débat politique sur la collecte et l'utilisation des impôts. Le présent document traite en priorité des efforts déployés par les administrations fiscales nationales pour expliquer aux citoyens comment et pourquoi s'acquitter de leurs impôts, tout en faisant autant que possible le lien avec la dépense sociale – l'autre membre de l'équation des finances publiques.

De récentes études, dont certaines ont été conduites par l'OCDE, font apparaître un lien entre le moral fiscal – la perception qu'ont les citoyens des questions fiscales – et l'image que renvoie la qualité des dépenses sociales. En d'autres termes, les gens qui bénéficient de services publics de bonne qualité sont mieux disposés à payer leurs impôts (OCDE/CEPALC, 2011). Un moral fiscal maussade ne fait pas que nuire à l'engagement citoyen en faveur d'un projet social commun ; il consolide aussi un cercle vicieux dans lequel les gens justifient le fait de ne pas payer leurs impôts parce que l'État ne respecte pas ses engagements sociaux. Il en résulte une insuffisance des recettes fiscales destinées à améliorer les services ; du même coup, la qualité des services en question régresse, et le cycle se perpétue.

L'évasion fiscale est un phénomène complexe qui tient au faible degré de crainte que suscite la sanction, à la modestie des contrôles et au fait que les gens ne savent pas – ou ne croient pas – que la puissance publique perçoit les impôts de manière juste et efficiente, et qu'elle en utilise le produit dans l'intérêt du plus grand nombre. D'autres facteurs tels que la corruption peuvent également entrer en jeu. En dépit des efforts consentis pour instituer des agences spécialement chargées de lutter contre la corruption et de renforcer la transparence et l'accessibilité des données publiques, la corruption continue de saper la confiance à l'égard des institutions publiques et, de ce fait, de limiter le potentiel de développement.

Le faible taux de satisfaction à l'égard des services publics, du fonctionnement de la démocratie et des principales institutions de l'État – y compris l'administration fiscale – peut affaiblir le civisme et nuire à la discipline fiscale. En Amérique latine, par exemple, les gens estiment que la moitié de leurs concitoyens ne s'acquittent pas dûment de leurs impôts, et seuls 47 % d'entre eux pensent que le paiement de l'impôt est une composante essentielle de la citoyenneté (Latinobarómetro, 2010). En moyenne, 34 % des Latino-Américains pensent que l'évasion fiscale n'est « jamais justifiable » et 20 % en comprennent les raisons, contre 62 % et 7 %, respectivement, des citoyens des pays de l'OCDE (OCDE, 2012).

L'importance de l'économie informelle dans la plupart des pays en développement est un motif supplémentaire qui justifie l'éducation des contribuables. Une simple analyse coût-avantages suffit à prouver que la chasse à toute une multitude de contribuables potentiels, dont la contribution serait selon toute vraisemblance négligeable, coûte davantage qu'elle ne rapporte. Pourtant, les mobiliser et les éduquer peut contribuer à renforcer leur sens des responsabilités et d'appartenance à la collectivité.

Un nombre croissant de gouvernements et leurs administrations fiscales ont pris conscience de ces défis et s'efforcent de les relever. Nous constatons une transformation des relations entre l'État et les citoyens et une mutation culturelle au sein même des administrations fiscales, qui diffusent désormais des messages positifs pour informer les contribuables de leurs responsabilités. Nombre d'entre elles les aident à utiliser les nouvelles technologies et ouvrent de nouveaux services qui leur facilitent la tâche. L'étendue considérable du champ couvert par les systèmes fiscaux modernes rend nécessaire la mise au point d'un nouveau modèle de communication susceptible de convaincre les contribuables – plutôt que de les contraindre – de payer leurs impôts. Les citoyens sont de plus en plus considérés comme alliés plutôt qu'assujettis à une obligation. Ces efforts sont particulièrement utiles dans les pays où l'administration fiscale est traditionnellement perçue comme une force de coercition et de répression. Cela étant, si les administrations fiscales ont pu changer, l'image que s'en fait le public pourrait ne pas évoluer aussi vite.

Ce nouveau scénario a facilité les choses de telle sorte que les administrations fiscales puissent franchir un pas supplémentaire : faire le lien entre le civisme fiscal d'une part et, de l'autre, la citoyenneté et les valeurs qui fondent la responsabilité collective et la vie commune en démocratie. Au fond, l'éducation des contribuables n'est pas qu'une stratégie visant à accroître la recette fiscale et elle ne se limite pas à expliquer pourquoi il faut s'acquitter de ses impôts. Il s'agit bien plutôt de favoriser l'engagement en faveur de l'intérêt général en soulignant l'importance sociale de l'impôt et son lien avec la dépense publique. Cela suppose notamment d'insister sur la manière dont l'argent public est dépensé, ainsi que sur les effets préjudiciables qu'ont la fraude fiscale et la corruption pour le pays et ses citoyens. Les recherches en la matière – notamment l'étude

OCDE/CCI *Tax and Development: Aid Modalities for Strengthening Tax Systems* (OCDE, 2013) – font remarquer que de telles campagnes d'éducation des contribuables peuvent constituer une méthode efficiente et efficace pour bâtir la confiance et accroître l'implication du public.

Les autorités fiscales sont conscientes qu'il est extrêmement difficile de faire évoluer la culture fiscale sans éduquer les plus jeunes et si les citoyens rechignent à payer leurs impôts de leur plein gré. L'échec d'un État à répandre les valeurs éthiques de justice, de solidarité et d'attachement au « bien commun » dans la société peut entraver le civisme fiscal. Les investissements consentis en faveur d'activités pour enfants, notamment en milieu scolaire, illustrent les efforts que déploient les administrations fiscales pour enclencher une mutation à long terme des attitudes et des comportements envers l'impôt. La notion de citoyenneté, fondée sur les droits et les responsabilités, est un élément crucial de nombreux programmes d'éducation des contribuables. Ce nouveau processus de construction de la citoyenneté passe par la participation active à la société dans le cadre du débat fiscal, par exemple, et du débat public en général.

Pour l'essentiel, ces efforts sont récents. La plupart des programmes d'éducation des contribuables, particulièrement en Amérique latine et en Afrique, ont été mis au point au cours de la dernière décennie. Pourtant, en dépit de sa jeune histoire, l'éducation des contribuables prend de plus en plus souvent place parmi les priorités stratégiques des administrations fiscales.

Variété des thèmes

Ce document de référence aborde une variété de thèmes d'enseignement : apprendre aux contribuables comment déclarer leurs revenus, les tenir informés de l'évolution du droit fiscal, encourager les gens à payer leurs impôts et former des élèves et des étudiants afin de les familiariser avec l'impôt.

Sensibiliser et faciliter la vie

Les États ont mis au point une kyrielle de méthodes pour sensibiliser le public aux nouvelles dispositions fiscales et aux méthodes de déclaration, afin de répondre à ses interrogations et de faciliter la vie des contribuables. Le Liban a conçu un calendrier de bureau sur le thème de l'impôt, un objet très original qui permet de rappeler les dates-butoir aux contribuables assujettis à la taxe sur la valeur ajoutée (TVA) (chapitre 15). La Corée propose aux particuliers et aux petites entreprises des cours sur le fonctionnement du système fiscal (chapitre 14). À Singapour, le nouveau Service de Non-déclaration est plus efficace tant pour les contribuables que pour l'administration fiscale, et le civisme fiscal s'en est trouvée renforcée (chapitre 25). Dans le même temps, consciente que l'on ne saurait s'attendre *a priori* à ce que les contribuables sachent comment remplir leurs obligations fiscales, l'Afrique du Sud a renforcé la présence publique dans les zones rurales en déployant des véhicules itinérants qui diffusent l'information auprès des gens (chapitre 26). En Zambie, Tax Chat, un programme radiophonique hebdomadaire, permet aux contribuables d'appeler en direct pour poser leurs questions (chapitre 29).

S'attaquer au secteur informel

Le secteur informel ne fait l'objet ni d'une définition ni d'une mesure qui soit communément acceptées, mais il est pourtant la norme dans la plupart des pays à revenu faible ou moyen et emploierait près des deux tiers de la population active dans le monde (et même davantage dans les pays en développement) (OCDE, 2009). Les initiatives décrites ici ont souvent pour objectif principal ou secondaire l'élargissement de la base imposable, afin de réduire la part du secteur informel et de lutter contre le non-paiement de l'impôt. Plusieurs pays déploient des efforts considérables pour, d'une part, convaincre les petits commerçants de s'immatriculer au registre de la TVA, mais aussi pour encourager les consommateurs – par des loteries, des jeux pour enfants, etc. – à prendre l'habitude d'exiger des reçus officiels lorsqu'ils effectuent des achats. C'est ainsi qu'au Burundi, des équipes d'étudiants formés ont travaillé avec les petits commerçants des centres commerciaux pour les aider à devenir imposables en demandant un numéro d'identification fiscale (NIF) (chapitre 5). La Turquie a lancé une campagne nationale de marketing dans plusieurs médias pour expliquer aux contribuables actuels et potentiels comment utiliser les nouvelles déclarations électroniques pré-remplies de revenus locatifs, qui étaient très largement sous-déclarés (chapitre 27).

Sensibiliser les jeunes générations

À l'école...

L'action conduite auprès des élèves de l'enseignement primaire et secondaire est un thème qui revient dans la plupart des exemples cités ici. En effet, cette catégorie de la population traverse une étape décisive de son entrée dans la société et de sa prise de conscience du rôle de l'impôt. En s'adressant aux jeunes, les administrations fiscales entendent enclencher une mutation culturelle à long terme. La Jamaïque, par exemple, a étendu et renouvelé en 2012 son programme d'éducation fiscale à l'école (Schools Tax Education Programme, STEP) qui vise non seulement les établissements scolaires d'enseignement secondaire et tertiaire mais aussi l'enseignement primaire, et qui consiste en activités ludiques et captivantes pour les enfants (chapitre 12). La même année, le Kenya a lancé son programme de sensibilisation en milieu scolaire (Schools Outreach Programme) pour inculquer une culture du paiement de l'impôt aux futurs contribuables (chapitre 13). De même, l'administration fiscale de Maurice a conduit des activités de sensibilisation à l'impôt dans les écoles secondaires (chapitre 17). Au Maroc, les écoliers suivent des cours d'éducation fiscale depuis 2000 (chapitre 19) et, en Malaisie, les camps d'éducation fiscale, les concours d'éloquence et le Bureau fiscal junior à Kidzania® ciblent les enfants en âge d'aller à l'école (chapitre 16). Outre ses activités éducatives à l'intention des écoliers, le Pérou propose depuis 2009 de nouveaux cours aux enseignants du premier et du second degré afin de veiller à la qualité de l'enseignement dispensé en matière fiscale (chapitre 22).

... et à l'université

Certains programmes d'éducation des contribuables ont entreprise de travailler avec les étudiants d'établissements supérieurs techniques et commencent même à toucher les anciens étudiants d'université. Les années d'université sont une période au cours de laquelle il est essentiel d'initier les jeunes en vue de leur entrée sur le marché du travail. Au Brésil, grâce au programme des Centres d'assistance comptable et fiscale, la *Receita Federal* forme les étudiants en matière fiscale de sorte qu'ils puissent fournir un soutien gratuit aux contribuables à faibles revenus et aux micro-entrepreneurs (chapitre 4). Le Service de l'administration fiscale (SAF) du Mexique a signé un accord avec l'*Universidad Nacional Autónoma de México* pour que soit enseignée la culture fiscale dans le cadre de la discipline intitulée « Formation et information fiscales » (chapitre 18). De même, El Salvador a créé un Diplôme d'éducation fiscale destiné à modifier et à améliorer la culture fiscale des enseignants travaillant dans les établissements techniques de niveau intermédiaire (chapitre 9).

Les programmes d'éducation des contribuables comprennent naturellement des campagnes de promotion de la citoyenneté fiscale destinées à toucher le grand public. En 2010, le Mozambique a lancé sa campagne « Ensemble, faisons le Mozambique » pour familiariser l'ensemble des citoyens avec les questions fiscales. Cette campagne porte notamment sur le respect des obligations auxquels les contribuables sont soumis, ainsi que sur leurs droits et sur la résurgence d'une culture du paiement de l'impôt ; le secteur informel est particulièrement ciblé (chapitre 20). De son côté, le Rwanda a créé des Conseils consultatifs sur les questions fiscales pour que les citoyens prennent conscience du rôle qu'ils peuvent jouer dans la lutte contre la corruption et la contrebande, et le rôle de l'impôt dans le développement (chapitre 23). Au Bhoutan, l'atelier de comptabilité pour les petites et les très petites entreprises a également été ouvert au public. Il vise à répondre au besoin avéré d'enseigner au public à tenir des comptes en bonne et due forme, étape préalable au paiement de l'impôt (chapitre 3).

Diversité des méthodes

L'impôt sur la Toile

Les nouvelles technologies sont extrêmement utiles pour atteindre les publics cibles et pour optimiser l'emploi des ressources. L'effet multiplicateur de certaines initiatives est manifeste : c'est le cas du Diplôme en ligne d'éducation fiscale en El Salvador (chapitre 9), des portails en ligne SIIEduca et PlanetaSII destinés aux étudiants et aux éducateurs chiliens (chapitre 6), ainsi que du Plan Ceibal qui, en Uruguay, vise à doter chaque enfant d'un ordinateur portable équipé de multiples logiciels d'activités liées à l'impôt (chapitre 28). Les nouvelles technologies permettent également de remédier à la fracture numérique et d'atténuer les inégalités d'accès à l'information. Elles exigent de nouveaux types de formations : la Colombie a lancé une campagne d'information destinée à expliquer aux contribuables comment utiliser un système de signature numérique afin de remplir leur déclaration d'impôt en ligne (chapitre 7). L'Estonie enseigne à ses contribuables comment payer leurs impôts dans le contexte nouveau du service électronique de fiscalité et de douanes en ligne (chapitre 10).

L'impôt dans la salle de jeux et à la télévision

L'éducation des contribuables peut être divertissante : le présent document présente des exemples amusants qui permettent d'expliquer l'impôt grâce à des espaces de jeux interactifs, des pièces de théâtre, des jeux vidéos et des séries télévisées. Le Costa Rica a créé un espace pour les enfants intitulé « Mon pays : le tribut que je lui dois » au *Museo de los Niños de San José*, un ancien centre pénitentiaire (chapitre 8). Les enfants s'y familiarisent avec les impôts et avec la dépense publique en remplissant leur première déclaration d'impôt sur le revenu, en décidant comment utiliser les fonds publics au cours d'une fausse séance de travaux parlementaires, en feignant d'être des agents des douanes ou en observant le cheminement des recettes de l'État. La plupart des pays diffusent régulièrement des publicités lors de la période de déclaration des revenus ou après l'adoption du budget de l'État, et certains diffusent même des dessins animés pour enfants comme *Ivo le chinchilla* au Chili (chapitre 6). La Malaisie parraine la diffusion d'une série qui cible les petites et moyennes entreprises. Le Nigéria a même franchi une étape supplémentaire en diffusant une série télévisée, « Devoir contraignant », (*Binding*

Duty) : cette approche détendue, agréable et non conflictuelle permet de rappeler aux citoyens qu'il est de leur responsabilité de payer les impôts (chapitre 21).

Fêter l'impôt : les journées et les fêtes de l'impôt

Chaque année, le Bangladesh célèbre la Journée nationale de l'impôt sur le revenu le 15 septembre, dans la dernière ligne droite avant la date butoir d'envoi des déclarations officielles, fixée au 30 septembre – date à laquelle plus de 80 % des déclarations de revenus sont envoyées (chapitre 2). Au Guatemala, le festival annuel de culture citoyenne intitulé « La force est dans les nombres » propose des concerts, des concours d'artistes amateurs et des pièces de théâtre afin d'informer les citoyens du rôle social des impôts (chapitre 11). De même, au Rwanda, la Journée des contribuables permet de consolider les liens entre la levée de l'impôt et le développement national, de promouvoir le civisme fiscal et de susciter la confiance envers la *Rwanda Revenue Authority*. En sa qualité d'invité d'honneur, le Président du Rwanda accorde des récompenses aux meilleurs contribuables du pays (chapitre 23). Le Sénégal a lancé en 2008 les Journées nationales d'information pour remédier à l'ignorance des citoyens s'agissant de la réglementation fiscale, et à leur réticence à obéir aux agents de l'administration fiscale (chapitre 24). Ces Journées d'information constituent une plateforme fort utile pour informer les Sénégalais des nouvelles réformes fiscales et pour les y associer.

Les clefs du succès

Des partenariats solides

La comparaison des expériences acquises démontre que pour avoir un impact durable, les programmes d'éducation des contribuables doivent reposer sur des partenariats – aux échelles nationale, régionale et même internationale.

Pour aboutir à la mutation culturelle durable et à long terme que prônent les promoteurs de l'éducation des contribuables, il est nécessaire de nouer de solides partenariats avec le secteur éducatif : c'est là le principal défi de l'éducation des contribuables. Il est essentiel de travailler de concert avec les ministères de l'éducation pour permettre aux autorités fiscales d'intervenir dans les établissements scolaires et de mettre au point des contenus accessibles et adaptés aux élèves – qui forment la prochaine génération de contribuables potentiels. La conclusion d'accords officiels avec les ministères de l'éducation et les institutions d'enseignement peut contribuer à orienter les discussions conjointes sur la méthode, le contenu et les difficultés. Certes, la conclusion de partenariats solides entre ministères peut parfois être un processus long et difficile, mais les expériences présentées ici donnent toute raison d'être optimiste. Plusieurs ministères de l'éducation prennent peu à peu conscience des avantages qu'ils peuvent tirer d'une collaboration avec les autorités fiscales : elle permet d'enrichir les programmes en sciences sociales, en comptabilité et en fiscalité. Pour la seule Amérique latine, neuf pays ont intégré l'éducation fiscale aux programmes scolaires et ont élaboré des documents pédagogiques conjointement avec les ministères de l'éducation. On se réfèrera par exemple aux chapitres du présent document qui concernent El Salvador (Chapitre 9) et le Pérou (Chapitre 22), ainsi qu'aux travaux d'EUROsociAL en Amérique latine.[1]

Les acteurs économiques et la société civile peuvent aussi se révéler des partenaires utiles. La Jamaïque a travaillé avec une organisation non gouvernementale qui encourage l'entreprenariat (*Junior Achievement*) afin de mettre en œuvre son programme éducatif auprès d'étudiants en commerce. Singapour sollicite les entreprises grâce à son « Taxpayer Feedback Panel » et favorise le bénévolat grâce aux Service national bénévole de déclaration en ligne. Le Rwanda a créé son Forum sur les questions fiscales à l'intention, notamment, de la Fédération du secteur privé et du monde de l'entreprise. Le Brésil forme ses étudiants à apporter une assistance en matière fiscale aux catégories à faibles revenus et aux autres groupes défavorisés.

Des champions de l'impôt

La plupart des initiatives ne peuvent réussir que si les autorités politiques s'engagent et participent à un niveau élevé. Au Rwanda, c'est le Président lui-même qui remet les récompenses annuelles aux contribuables, tandis qu'en Turquie, le Premier ministre s'est adressé directement à eux sur YouTube. Dans de nombreux pays, les principaux responsables politiques, nationaux comme locaux, sont à la manœuvre dans les manifestations d'éducation des contribuables : c'est par exemple le cas du ministre de l'économie et des finances du Sénégal, ou encore du maire de Quetzaltenango au Guatemala. En mars 2013, le Président de la République et les ministres de l'éducation et des finances du Costa Rica ont décrété que l'éducation fiscale était une question d'intérêt général et se sont publiquement engagés à promouvoir la culture fiscale.

D'autres personnalités peuvent contribuer à faire passer le message auprès d'un public parfois sceptique. Le Bangladesh, par exemple, a associé à la Journée nationale de l'impôt sur le revenu des chanteurs et des acteurs célèbres, ainsi que des joueurs de cricket et de football. La Turquie a convaincu un comique local très populaire de soutenir sa campagne en faveur des déclarations pré-remplies d'impôt sur les revenus locatifs.

Apprendre par-delà les frontières

Les organisations régionales peuvent servir de forums d'échanges de connaissances en matière d'éducation des contribuables. Le Centre interaméricain des administrations fiscales (CIAT) a rassemblé ses membres pour débattre du moral fiscal, d'éducation des contribuables et d'autres questions connexes, et a publié des informations utiles sur son site internet. La Jamaïque a été invitée à présenter son programme STEP devant l'Organisation caribéenne des administrateurs fiscaux (COTA). En août 2013, le Forum africain d'administration fiscale (ATAF), récemment constitué, a tenu au Swaziland un séminaire sur les services aux contribuables en mettant l'accent sur l'orientation et la communication. En octobre 2013, l'Organisation intra-européenne des administrations fiscales a tenu un atelier intitulé « Améliorer le respect des règles fiscales par l'éducation » dans l'ancienne République yougoslave de Macédoine, dans le sillage de l'atelier qu'elle avait organisé en 2008 sur « l'éducation fiscale des jeunes ».

Quel rôle pour la coopération au développement ?

L'éducation des contribuables est un champ trop souvent négligé de la coopération au développement. L'Union européenne a entrepris d'importants travaux dans ce domaine, par l'intermédiaire de son programme EUROsociAL, qui agit de concert avec des administrations fiscales et des ministères de l'éducation en Amérique latine pour renforcer les capacités et l'échange de connaissances en matière d'éducation des contribuables sous l'angle de la cohésion sociale. Ainsi, ce programme a aidé l'Argentine à partager avec El Salvador (et avec l'appui d'USAID) et le Costa Rica son expérience et son expertise concernant la création d'aires de jeux pour enfants sur le thème de l'impôt (voir chapitres 8 et 9). La GIZ soutient l'éducation des contribuables dans plusieurs pays.

Son appui à la nouvelle structure d'éducation des contribuables en Zambie s'est notamment concrétisé par le financement, en 2013, d'une visite d'étude d'administrateurs fiscaux zambiens au Népal (chapitre 29). Il existe d'autres initiatives bilatérales comme celles d'USAID et de TradeMark East Africa au Burundi (chapitre 5), de la DANIDA danoise au Bhoutan (chapitre 3) ou encore du Programme des Nations Unies pour le Développement (PNUD) au Liban (chapitre 15).

Obstacles et défis

L'éducation des contribuables se heurte aux obstacles habituels que sont le manque de temps et l'insuffisance des moyens financiers et humains. Certaines administrations fiscales privilégiant une vision à long terme ont choisi de faire de l'éducation des contribuables un objectif stratégique qu'elles ont traduit dans la répartition de ressources pourtant rares, tandis que d'autres laissent aux fonctionnaires les plus dévoués cette tâche essentielle en sus de leur occupation principale. Il peut être particulièrement ardu de défendre le choix consistant à faire de l'éducation des contribuables une priorité dans la mesure où il est très difficile d'évaluer, de mesurer et de déterminer les causes qui provoquent les changements de comportement des contribuables.

Autre défi : élaborer un ensemble de mesures fiscales adapté. Le cas exemplaire du Bhoutan montre comment des mesures d'adaptation peuvent améliorer l'efficacité de l'éducation des contribuables, en l'occurrence en exigeant des petits commerçants qu'ils tiennent un minimum de comptabilité. Le Chili s'est aperçu que les nouvelles technologies produisent de nouvelles contraintes : il faut en effet mettre à jour les sites internet pour les adapter à l'évolution rapide de la navigation et des contenus. La Colombie a cherché avec détermination à remédier au manque de « culture informatique » de ses citoyens tandis qu'El Salvador a combattu la crainte inspirée par les outils technologiques de formation en faisant de l'un des premiers cours du cursus permettant d'obtenir le Diplôme d'éducation fiscale un cours en ligne. Dans le même temps, le Maroc a contourné l'obstacle du coût élevé de la diffusion de programmes audiovisuels en obtenant la diffusion gratuite ou à prix fortement réduit de messages à la télévision et à la radio. Et puis, comme l'a noté Maurice, la leçon la plus importante à retenir pour toute activité d'éducation des contribuables est sans doute la suivante : si l'administration fiscale n'avait pas pris l'initiative d'une campagne d'approfondissement des connaissances en matière fiscale au profit des futurs contribuables, personne d'autre ne l'aurait fait à sa place.

Pour poursuivre la conversation

Le présent document est une contribution au dialogue global naissant sur l'importance de l'éducation des contribuables, sur le rôle qu'elle joue afin d'améliorer le civisme fiscal et de renforcer le lien entre les citoyens et l'État, et sur la méthode à adopter pour y parvenir. Plusieurs sujets pourront être davantage explorés à l'avenir :

- *Le partage de connaissances et l'échange de bonnes pratiques* sur des thèmes tels que ceux qui sont abordés dans le présent document : sensibilisation du secteur informel, programmes scolaires et pédagogiques, emploi des nouvelles technologies pour faciliter les démarches des contribuables et les éduquer en matière de fiscalité (voir les exemples de la Colombie, de l'Estonie, de la Malaisie, de Singapour et de la Turquie), et rôle du monde de l'entreprise et de la société civile dans l'éducation des contribuables. La stratégie adoptée par le

Maroc en vue d'éduquer la diaspora et celle de la Corée visant à s'appuyer sur ses ambassades pour sensibiliser ses ressortissants établis à l'étranger sont plus exemplaires encore. Les pays fragiles peuvent retenir les enseignements de ceux qui sont en situation de sortie de crise, comme le Burundi et le Rwanda. Le Rwanda, précisément, qui s'est associé à l'initiative « un ordinateur portable par enfant », peut à son tour apprendre des efforts déployés par l'Uruguay pour en faire une plateforme destinée à sensibiliser en les divertissant les futurs contribuables aux questions fiscales !

- *Mesurer l'impact* des initiatives d'éducation des contribuables, qu'il s'agisse du renforcement du civisme fiscal (nombre et pourcentage de contribuables, montant des recettes fiscales) ou de l'amélioration du moral fiscal. Il n'est aisé pour aucune administration fiscale de mesurer l'évolution des comportements, surtout à l'échelle d'une génération. Des efforts sont pourtant consentis (voir par exemple le chapitre 26 sur l'Afrique du Sud et le chapitre 29 sur la Zambie), qui peuvent constituer le socle d'un travail à venir au profit de tous les pays.
- *Étendre la coopération régionale* sur le modèle de l'Amérique latine et des Caraïbes. EUROsociAL, le CIAT, COTA et un nombre croissant d'administrations fiscales nationales travaillent activement ensemble dans cette région. D'autres régions leur emboîtent le pas et les discussions pourraient se poursuivre, en commençant par exemple par les participants à l'élaboration du présent document.
- *Cibler le soutien de la coopération au développement :* L'étude OCDE/CCI (OCDE, 2013) a recommandé que tout programme fiscal financé par des donateurs incorpore si possible des volets consacrés à l'information du public, à l'éducation fiscal et au dialogue entre les secteurs public et privé. Les agences de développement bilatérales et multilatérales pourraient analyser les exemples présentés ici et accroître leurs efforts en faveur de l'éducation des contribuables. La mobilisation de ressources internes est étroitement liée au soutien à l'efficacité des institutions. Comme il est indiqué dans le *Projet de Principes pour l'engagement international auprès des pays en développement dans le domaine de la mobilisation des recettes* de l'OCDE, il faudrait envisager de soutenir les organisations de la société civile qui s'efforcent de promouvoir la participation des citoyens dans le débat public sur la collecte et l'utilisation des recettes fiscales.[2]

Notes

1. Voir, par exemple, EUROsociAL/Instituto de Estudios Fiscales (2010).
2. www.oecd.org/ctp/tax-global/Principles_for_international_engagement_May2013.pdf.

Références

EUROsociAL/Instituto de Estudios Fiscales (2010), *Educacion Fiscal y Cohesion Social: Experiencias de America Latina*, EUROsociAL/Instituto de Estudios Fiscales, www.eurosocialfiscal.org/uploads/documentos/centrodoc/d1cc7ba6323ad05a8e11113bed6d6814.pdf (en espagnol).

Latinobarómetro (2010), *2009 Latinobarómetro Report,* Corporación Latinobarómetro, Santiago de Chile, www.latinobarometro.org.

Nerré, B. (2008), "Tax culture: A basic concept for tax politics", *Economic Analysis & Policy*, Vol. 38, No. 1, Mars, disponible à l'adresse suivante : https://docs.google.com/file/d/18H3eX7eKiZBK6wrYVI6VqLpnFKn1JGZc_PS1lY-2sGbrWaMVS11FHeVIbBwn/edit?pli=1.

OCDE (2013), *Tax and Development: Aid Modalities for Strengthening Tax Systems*, Editions OCDE, Paris, http://dx.doi.org/10.1787/9789264177581-en.

OCDE (2012), "What drives tax morale?", *OECD Development Centre Working Papers*, No. 315, Editions OCDE, Paris, http://dx.doi.org/10.1787/5k8zk8m61kzq-en.

OCDE (2009), *L'emploi informel dans les pays en développement : une normalité indépassable ?*, Éditions OCDE, Paris, http://dx.doi.org/10.1787/9789264059269-fr.

OCDE/CEPALC (2011), *Perspectives économiques de l'Amérique latine 2012 : Transformation de l'État pour le développement,* Éditions OCDE, Paris, http://dx.doi.org/10.1787/leo-2012-fr.

Chapitre 2

Bangladesh : La Journée nationale de l'impôt sur le revenu

Bureau national des recettes (NBR) du Bangladesh

Ce chapitre présente le programme d'éducation des contribuables du Bangladesh. Il décrit d'abord les objectifs généraux du programme, suivi d'un point sur un élément spécifique, la Journée nationale de l'impôt sur le revenu. Il examine par la suite l'impact et les leçons à tirer de l'initiative, suivie par un aperçu des prochaines étapes.

Au Bangladesh, la base fiscale est très étroite et le pourcentage de la population qui subit le poids de l'imposition est très faible (moins de 1 % ; NBR, 2011). Le Bureau national des recettes (*National Board of Revenue*, NBR ; voir encadré 2.2), qui est le principal organe de l'administration fiscale dans le pays, estime que les revenus sont très largement sous-déclarés, voire non déclarés, et que le rendement fiscal d'ensemble est bien inférieur à ce qu'il devrait être au regard du PIB et du niveau de croissance économique. Le ratio entre l'impôt et le PIB, qui est de 9,3 %, est lui aussi assez faible en comparaison de pays similaires en Asie du Sud (NBR, 2011). Pour surmonter ces difficultés, le NBR a entrepris d'ambitieuses réformes de sa politique fiscale et de l'administration fiscale, laquelle cherche à centraliser et à automatiser les comptes fiscaux et le traitement des déclarations de revenus. A ces réformes s'ajoute la création efficace d'une base de données reposant sur un Numéro d'identification des contribuables (*Taxpayer Identification Number*, TIN) qui constitue un précieux outil d'analyse du profil et du comportement des contribuables. Le NBR se dote également de systèmes de gestion et de solides capacités de traitement des données en centralisant les comptes, le traitement des déclarations et des récépissés ainsi que la gestion des transactions et de l'immatriculation des contribuables, et en rationnalisant les droit fiscal.

Les analyses et les informations obtenues grâce à ces réformes favoriseront la mise en œuvre d'un programme offensif d'éducation des contribuables visant à les aider à remplir leurs obligations de citoyens et de résidents responsables et à comprendre comment y parvenir.

Le programme d'éducation des contribuables au Bangladesh

Pour que les réformes fiscales emportent l'adhésion des contribuables et des principaux acteurs concernés, il est indispensable de concevoir une stratégie de communication. Le NBR doit renforcer ses capacités internes de communication avec lesdits acteurs ou, si nécessaire, recourir à des opérateurs externes pour faire passer son message (encadré 2.1).

Au Bangladesh, l'éducation des contribuables relève du NBR, qui agit en partenariat avec divers ministères et agences – le ministère de l'Information, par exemple, ainsi que plusieurs autres départements placés sous l'autorité du ministère des Finances. Elle cible l'ensemble des contribuables, particuliers comme entreprises.

Encadré 2.1. **Objectifs de l'éducation des contribuables au Bangladesh**

- Faire connaître la législation et les procédures fiscales.
- Accroître le respect volontaire.
- Apprendre aux agents de l'administration fiscale à accomplir leurs devoirs et leurs tâches dans le respect des lois en vigueur et veiller à ce qu'ils soient toujours conscients qu'ils doivent servir les contribuables avec le plus grand soin en tenant compte de leurs droits.
- Accroître les compétences d'encadrement des responsables de l'administration fiscale.
- Montrer aux citoyens comment payer leurs impôts.
- Accroître le nombre de citoyens qui paient des impôts.

- Expliquer pourquoi il faut payer les impôts.
- Donner aux citoyens les moyens de participer aux débats sur l'emploi des recettes fiscales.
- Approfondir les connaissances des citoyens en matière fiscale.

Source : Bureau national des recettes (NBR) du Bangladesh.

Le programme d'éducation des contribuables comprendra un répertoire d'informations disponible en ligne (le NBR est doté d'un site internet plutôt riche et utile) ou directement, sur demande individuelle ou groupée auprès de la branche « Service à la clientèle » du NBR, qui apportera aux contribuables un soutien direct dans des centres d'assistance facilement accessibles. Ce programme se traduira également par la création de centres d'appel grâce auxquels les contribuables trouveront réponse à leurs questions. Ces centres les aideront à préparer leurs déclarations fiscales, à calculer leur passif d'impôt, à prendre connaissance des délais de paiement, etc. Les centres d'assistance, quant à eux, coordonneront les programmes d'éducation des contribuables dans les centres des impôts, dans les forums d'associations de commerce et d'industrie, dans les forums de défenseurs de l'impôt et d'experts-comptables, et auprès d'associations locales.

Le programme permettra également de diffuser des informations sur les chaînes nationales de télévision et de radio ainsi que dans la presse – sous la supervision du ministère de l'Information, pour l'essentiel – et de publier des documents de l'administration fiscale d'État en plusieurs langues. Il permettra d'organiser des séminaires et des ateliers pour mieux faire connaître les droits et les devoirs des contribuables, de répertorier les services aux contribuables relevant d'autres administrations pour accroître leur visibilité, de réaliser des documentaires et des fictions, de créer des panneaux et des affiches, de rédiger des fascicules et des brochures, d'organiser des salons de l'impôt et de mettre au point un calculateur d'impôt en ligne pour renseigner les contribuables sur le montant de l'impôt qu'ils doivent.

Focus : la Journée nationale de l'impôt sur le revenu

Au Bangladesh, tous les contribuables non professionnels doivent déclarer leurs revenus avant le 30 septembre. Pour rappeler aux citoyens et aux contribuables enregistrés de payer leurs impôts, le gouvernement du Bangladesh célèbre la Journée nationale de l'impôt sur le revenu tous les 15 septembre depuis 2008.

Ce jour-là, les différents services fiscaux du pays tout entier organisent des manifestations, des séminaires et des ateliers, déploient des pancartes et des affiches, distribuent des brochures, tiennent des réunions et des conférences, érigent des « cliniques de l'impôt » sur le bord des routes, organisent des concours et attribuent des récompenses aux plus gros contribuables et diffusent des documentaires et des fictions sur la fiscalité.

Outre son objectif général d'éducation des contribuables, cette fête vise également à :

- Améliorer les services aux contribuables
- Informer le public, le cas échéant, des modifications de la législation fiscale
- Rapprocher les contribuables des agents de l'administration fiscale

- Créer un climat de collégialité et travailler de concert avec les agents de l'administration fiscale (avocats, comptables et conseillers fiscaux)
- Mettre fin à la corruption.

Les principales catégories ciblées sont les suivantes : contribuables soumis à l'impôt sur le revenu, contribuables soumis à l'impôt sur les sociétés, moyennes et grandes entreprises ainsi concernent en priorité l'impôt sur le revenu des particuliers, mais aussi sur les impôts sur les sociétés et sur les bénéfices des entreprises.

Pour atteindre le plus grand nombre de personnes, les chaînes de télévision et de radio et les journaux locaux, régionaux et nationaux sont associés à l'événement. D'autres outils de promotion sont également utilisés : documents publiés en plusieurs langues par l'administration fiscale d'État, médias sociaux tels que Facebook et Twitter. Les établissements d'enseignement supérieur participent aussi aux activités.

L'organisation et les préparatifs de cette Journée commencent dès la dernière semaine de juillet. Le NBR travaille de concert avec une série d'agences et de départements ministériels, de dirigeants politiques, d'organisations d'entreprises, avec la société civile et avec des artistes populaires sur la scène nationale (acteurs et chanteurs, par exemple) ou des icônes du sport (joueurs de cricket et de football, notamment). Ce travail est coordonné par un comité national composé de 60 membres, la plupart d'entre eux étant des chefs de division et autres responsables du NBR. Par ailleurs, de sept à dix sous-comités composés d'une vingtaine de membres sont constitués sur des questions précises. Avant la manifestation, le personnel est formé et assiste à des réunions d'information.

Le coût de l'initiative s'élève à environ 30 millions BDT (380 000 USD).

Impacts

- Augmentation du montant de l'impôt perçu. En tout, la manifestation touche chaque année 2 à 5 millions de personnes. Elle a ainsi permis d'accroître considérablement le nombre de contribuables et le montant de l'impôt perçu au cours des dernières années. La collecte de l'impôt sur le revenu, par exemple, a connu une augmentation constante au point de doubler ces quatre dernières années. De ce fait, l'initiative est, dans l'ensemble, une réussite. De même, les contribuables ont considérablement approfondi leurs connaissances en matière fiscale (c'est-à-dire les compétences requises pour s'acquitter de l'impôt), tout en prenant davantage conscience de leur obligation morale à payer l'impôt « de leur plein gré ».
- Des perceptions plus positives : Avant le démarrage de cette initiative, les médias étaient assez critiques à l'égard des impôts et publiaient souvent des articles négatifs sur l'administration fiscale d'État. Depuis, l'opinion selon laquelle l'administration fiscale traite les contribuables de manière équitable et transparente a gagné un terrain considérable et un nombre croissant de contribuables estiment que le gouvernement utilise les recettes fiscales à bon escient. Cela étant, cette initiative n'est guère parvenue à convaincre les contribuables que leurs congénères paient leur juste part de l'impôt.
- Amélioration du civisme fiscal : ces cinq dernières années, le respect des règles fiscales s'est beaucoup amélioré.

Cette initiative n'a certes pas donné lieu à une évaluation indépendante mais les membres du Parlement national en louent la réussite. De surcroît, une évaluation portant sur les catégories supérieure et inférieure de contribuables montre que le nombre de non-déclarants s'amenuise nettement.

Enseignements

Cette initiative a illustré toute l'importance que peut revêtir l'éducation des contribuables : elle a permis de renforcer le respect des citoyens à l'égard des règles fiscales et de modifier l'image du NBR auprès des contribuables. Elle a fait la preuve que ceux-ci peuvent éprouver un vif intérêt pour les questions fiscales et qu'ils apprécient la nouvelle approche du NBR, qui privilégie le client.

Le principal défi a consisté à convaincre les agents et le personnel de l'administration fiscale du bien-fondé de cette approche, qui exige d'eux qu'ils interagissent directement avec les clients en leur apportant une assistance. Autrefois, de tels contacts étaient limités et le personnel était réticent à communiquer directement avec le public. Des discussions, des sessions de réflexion et des formations ont eu lieu pour faire évoluer l'attitude des responsables de l'administration fiscale, que des consultants étrangers ont contribué à sensibiliser.

Les coûts élevés de l'initiative et la nécessité d'y consacrer des fonds suffisants ont constitué un obstacle supplémentaire. Les contraintes budgétaires ont souvent limité la portée des précédentes éditions.

Étapes suivantes

Le NBR prévoit d'apporter certaines améliorations à la manifestation. Il devra par exemple démarrer les différents ateliers et les activités pédagogiques plus tôt dans le mois afin de renforcer l'aide apportée aux contribuables pour remplir les déclarations de revenus dans les semaines qui précèdent la date limite de dépôt.

Il faudra aussi mobiliser davantage d'agents du NBR, notamment au niveau local, et recueillir l'appui de tous les partis politiques. L'organisation et la portée de l'initiative s'en trouveraient renforcées.

Encadré 2.2. Le Bureau national des recettes (NBR) du Bangladesh

Créé par décret présidentiel en 1972, le Bureau national des recettes (*National Board of Revenue*, NBR) est le principal organe de l'administration fiscale du Bangladesh. Placé sous l'autorité de la Division des ressources internes (Internal Resources Division, IRD) du ministère des Finances, il se compose de trois sections (*wings*) : la section Douanes, la section TVA et la section Impôt sur le revenu. Il comprend également une section consacrée aux technologies de l'information et une autre à la recherche et aux statistiques. Le NBR emploie 8 900 personnes dans 649 centres des impôts, pour la plupart situés dans les aires urbaines ; 75 de ces centres se trouvent dans des zones rurales.

Ses responsabilités sont les suivantes :

- Percevoir les recettes fiscales
- Élaborer la législation et les politiques fiscales, et procéder à leur réévaluation constante

- Négocier les traités fiscaux avec les gouvernements étrangers
- Participer aux délibérations interministérielles sur les questions économiques qui concernent les politiques et l'administration fiscales.

Pour plus d'informations, consulter : www.nbr.gov.bd.

Source : Bureau national des recettes (NBR) du Bangladesh.

Référence

NBR (National Board of Revenue) (2011), *Outline of Modernization Plan (2011-2016): National Board of Revenue (NBR)*, NBR, Dacca, disponible à l'adresse suivante : www.nbr-bd.org/tender/NBR_Modernisation_Plan_Final_draft.pdf.

Chapitre 3

Bhoutan : Les ateliers de comptabilité destinés aux petites entreprises

Département des recettes et des douanes (DRC)

Ce chapitre présente le programme d'éducation des contribuables du Bhoutan. Il décrit d'abord les objectifs généraux du programme, suivi d'un point sur un élément spécifique, les ateliers de comptabilité destinés aux petites entreprises. Il examine par la suite l'impact et les leçons à tirer de l'initiative, suivie par un aperçu des prochaines étapes.

La culture de l'impôt est une notion relativement nouvelle au Bhoutan. Ainsi, l'impôt sur le revenu n'a été instauré qu'en 2001 et, à peine quelques décennies plus tôt (avant 1960), l'impôt se payait encore « en nature », par le travail. Compte tenu de la nouveauté de certains impôts, le Département des recettes et des douanes du ministère des Finances (*Department of Revenue and Customs*, DRC ; voir encadré 3.3) a tout à faire ou presque pour faire prendre conscience aux contribuables de leurs obligations fiscales et pour les informer des procédures leur permettant d'y satisfaire.

L'éducation des contribuables au Bhoutan

Le DRC sait qu'il faut être créatif pour enseigner au public comment payer les impôts, par exemple au moyen d'une campagne de sensibilisation à l'impôt sur le revenu (encadré 3.2). Il a vite compris que de nombreuses petites et très petites entreprises ne tiennent pas une comptabilité adéquate et a cherché à y remédier en organisant des ateliers d'éducation des contribuables (encadré 3.1).

Encadré 3.1. **Objectifs de l'éducation des contribuables au Bhoutan**

- Encourager les contribuables à payer leurs impôts.
- Accroître le nombre des citoyens qui paient des impôts.
- Expliquer le système fiscal.
- Approfondir les connaissances des citoyens en matière fiscale.
- Leur expliquer comment payer les impôts.

Source : Département des recettes et des douanes (DRC).

Les contraintes pesant sur ses moyens humains et financiers empêchent le ministère des Finances de se doter d'une division ou d'une unité spécialement consacrée à l'éducation des contribuables. Cela étant, le DRC se charge de piloter l'éducation des contribuables en y associant toutes les divisions concernées (recettes et contrôle fiscal, douanes et accises, impôt sur le revenu et impôt sur les ventes) qui mettent du personnel à disposition lorsque c'est nécessaire.

Les activités d'éducation des contribuables comprennent notamment des ateliers, des formations et des séminaires. Le DRC dispose également d'une Unité des services de l'information du public à qui il revient de diffuser les notifications réglementaires par les canaux médiatiques adéquats.

Les activités ciblent l'ensemble des particuliers soumis à l'impôt sur le revenu ainsi que les entreprises de taille moyenne et les petites et très petites entreprises. Elles comprennent notamment :

- Des séminaires de comptabilité à l'intention des petites et moyennes entreprises
- La diffusion de brochures informant les contribuables des délais de déclaration, etc.
- Des campagnes médiatiques en plusieurs langues à la télévision et à la radio publiques ainsi que dans la presse nationale.

En règle générale, ces campagnes médiatiques ont lieu un à deux mois avant la période de déclaration afin d'alerter les contribuables en temps utile. Les services de l'information du public du DRC conduisent des enquêtes de popularité des médias au cours de la période de déclaration fiscale afin de sélectionner les chaînes qui rencontrent le plus grand succès. Puis, des contrats d'un an sont conclus avec la chaîne de radiotélévision nationale (*Bhutan Broadcasting Services*) et les deux groupes de presse les plus populaires (il s'agissait dernièrement de Kuensel Corporation Limited et de Bhutan Times Limited). Il existe aujourd'hui douze organes de presse dans le pays, dont certains ne sont toutefois diffusés que de manière très réduite. Seules quatre des six chaînes de radio émettent dans la capitale nationale. Les contrats d'un an permettent au Département d'obtenir des rabais pouvant atteindre 40 %. Au départ, seul le DRC recourait à cette solution mais, puisqu'elle a démontré sa rentabilité, l'ensemble du ministère l'a désormais adoptée. Toutes les publicités sont centralisées et gérées par les Services d'information du public du DRC. Le gouvernement s'étant engagé à étendre le réseau de haut débit dans l'ensemble du pays, l'internet deviendra bientôt un média adapté pour sensibiliser les contribuables. De même, le DRC met actuellement au point un système d'information, de gestion et d'administration des recettes (*revenue administration management information system*, ou RAMIS) en ligne et en temps réel, afin de proposer un système en libre-service aux contribuables et aux autres acteurs concernés. Les 8 bureaux régionaux, les 17 postes frontaliers et l'aéroport international de Paro (le seul aéroport international du pays) y seront connectés. Ce projet est financé par la Banque asiatique de développement (BAD) et était prévu d'être opérationnel à la mi-2014.

Le DRC a été l'une des premières institutions gouvernementales à envoyer des textos par téléphone portable. Toutefois, cette méthode a quelque peu perdu de son potentiel depuis que de nombreuses autres agences l'ont également adoptée.

Focus : Les ateliers de comptabilité destinés aux petites et très petites entreprises

Le DRC a lancé ce projet pour améliorer le degré de discipline fiscale des petites et très petites entreprises en matière d'impôt sur les sociétés. Il s'est déroulé de 2003 à 2007. Au Bhoutan, environ 80 % des contribuables appartiennent à la catégorie des petites et très petites entreprises. Il est particulièrement difficile d'imposer ce groupe car les commerces ne disposent que rarement de documents financiers. Certes, la loi exige de toute entreprise cotée qu'elle tienne des registres comptables, mais cette obligation ne s'applique pas aux petites et moyennes entreprises qui, même si elles y sont encouragées, ne le font pas. Autrefois, les centres des impôts calculaient eux-mêmes le montant de l'impôt applicable à ces entreprises, mais cette méthode a abouti à la multiplication des griefs dus au sentiment qu'avaient les petits et les très petits entrepreneurs que les calculs étaient surestimés. C'est ainsi que le DRC a décidé d'aider ces contribuables à calculer eux-mêmes le montant de leur impôt.

Des ateliers et des séminaires ont été organisés pour éduquer et encourager les petites et très petites entreprises à tenir de leur plein gré des registres comptables, même rudimentaires, pour faciliter le traitement de l'impôt. Il s'agissait également de mieux faire comprendre à cette catégorie de public pourquoi le montant de l'impôt doit être lié à celui des bénéfices, d'approfondir ses connaissances en matière fiscale et de lui inculquer des notions de droit fiscal.

Sans forcément se concentrer sur l'impôt, ces ateliers, d'une grande simplicité et de niveau élémentaire, ont porté sur les principaux aspects de la comptabilité en lien avec l'impôt sur les sociétés et l'impôt sur les bénéfices. Ils ont été conduits sur le modèle d'un cours scolaire au moyen d'exposés PowerPoint et de documents photocopiés. Les intervenants ont été dépêchés par le DRC. [1]

Les ateliers ont été organisés en partenariat avec la Chambre de commerce et d'industrie du Bhoutan, dont les bureaux locaux parsèment le territoire. C'est à eux qu'est revenue la tâche de sélectionner les petites et très petites entreprises et de les informer de la tenue des ateliers. Le projet d'ateliers de comptabilité a mobilisé 15 agents du DRC en tout (2 au niveau national et 13 au niveau local). Ils n'ont bénéficié d'aucune formation. Les directeurs régionaux étaient responsables du déroulement des ateliers, dont le contenu pouvait être adapté aux besoins de tel ou tel public.

Le coût total du projet pour la période allant de 2003 à 2007 s'est élevé à environ 750 000 BTN (soit près de 12 000 USD), pour environ 3 000 petites et très petites entreprises participantes. Il faut noter que, de 1996 à 2007, le DRC a reçu une assistance de la part du gouvernement du Danemark par l'intermédiaire du programme « Bonne gouvernance » de son agence de coopération au développement, la DANIDA, qui a offert son assistance technique et financière à la bonne gouvernance du projet. C'est ainsi qu'un conseiller fiscal danois a été détaché auprès du DRC pour fournir un appui en matière de gestion des ressources humaines, d'informatique et de formation afin de renforcer les capacités locales et d'élargir la base imposable. Outre les ateliers de comptabilité, plusieurs autres programmes de sensibilisation à l'impôt ont été conduits au cours de cette période de coopération (voir l'encadré 3.2 pour un autre exemple).

Impacts

La réussite des ateliers de comptabilité semble avoir été toute relative : aucune augmentation tangible du nombre de registres comptables élémentaires n'a été constatée dans le groupe ciblé au cours des années qui ont suivi. Il a été mis fin au programme.

En janvier et en février 2006, une enquête effectuée par l'équipe d'évaluation fiscale du DRC a révélé que seuls 2 des 26 participants à un atelier qui s'était tenu dans le district de Wangdue tenaient des registres comptables élémentaires. Un suivi réalisé à l'échelle nationale a éclairé les raisons pour lesquelles les participants ne tenaient pas de comptabilité, en dépit des recommandations et des démonstrations qui leur avaient été fournies par les agents fiscaux : cela s'explique notamment par leur crainte des conséquences inopinées que pourrait entraîner la tenue de registres comptables – lesquels pourraient leur faire courir le risque d'être soumis à des impôts plus élevés. Au contraire, estimaient-ils, l'absence de toute comptabilité leur offre la possibilité de pouvoir négocier avec les contrôleurs fiscaux. Ces évaluations ont également mis en lumière le fait que de nombreux petits commerçants n'ont pas un niveau d'éducation suffisant pour tenir leurs comptes ; certains n'ont même jamais été scolarisés.

En l'absence d'une section de recherches, le meilleur indicateur de l'évolution du comportement des contribuables reste l'augmentation de leur nombre. En termes comptables, le nombre de contribuables assujettis à l'impôt sur les sociétés atteignait 10 088 lors de l'année fiscale 2003, dont 1 008 tenaient des registres comptables. Pour l'année fiscale 2010, le nombre total était passé à 16 679, mais le nombre de ceux qui tenaient des registres n'était que de 1 384. Pourtant, le nombre total de contribuables bhoutanais a augmenté de 206 % entre 2003 et 2010, passant de 21 978 à 67 287. Cette augmentation du nombre de contribuables volontaires pourrait s'expliquer par l'efficacité des programmes de sensibilisation antérieurs (encadré 3.2), d'autant plus qu'en matière de collecte de l'impôt sur le revenu, les autorités ne pratiquent pas d'actions « coup de poing ». Il se peut aussi qu'une disposition adoptée en 2007 y ait contribué : le DRC avait alors accordé aux contribuables un délai de deux mois sans pénalité pour déclarer leurs revenus ou régulariser leurs déclarations incomplètes.

En matière de règlement de l'impôt, les connaissances et les compétences des contribuables ont légèrement augmenté, de même que le sentiment général que les citoyens sont tenus par une obligation morale de s'acquitter de l'impôt « de leur plein gré ». Cela étant, les ateliers ne semblent guère avoir réussi à changer l'image que se fait le public concerné de l'administration fiscale.

Encadré 3.2. **La campagne de sensibilisation des contribuables assujettis à l'impôt sur le revenu au Bhoutan**

Avant la création de l'impôt sur le revenu des particuliers (*Personal income tax, PIT*) en 2001, le DRC a mené avec succès une campagne de sensibilisation et d'éducation des contribuables afin de faciliter la mise en place du nouvel impôt, avec le soutien sans réserve du ministère et l'aide financière de la DANIDA, l'agence de coopération au développement du gouvernement du Danemark. La conception et la stratégie de la campagne ont été décidées en interne. L'accent a été mis sur la promotion du caractère volontaire de la déclaration d'impôt et du respect des obligations fiscales, en lien avec l'édification de la nation. À cette époque, il n'existait au Bhoutan qu'une seule chaîne de radiotélévision qui diffusait des programmes quotidiens le matin et le soir, ainsi qu'un journal national hebdomadaire. Pourtant, le marché des médias n'était pas fragmenté et la plupart des publics ciblés ont pu être atteints. Pour compléter ce dispositif, des ateliers se sont tenus lors de rassemblements festifs, où des guichets d'information ont aussi été installés.

Source : Département des recettes et des douanes (DRC).

Enseignements

Le droit fiscal bhoutanais ne contraint pas les petites et très petites entreprises à tenir des registres financiers. Dès lors, les contrôleurs fiscaux ont les plus grandes peines à déterminer le montant de l'impôt dû et à convaincre les contribuables de la justesse de leur calcul. Une telle réglementation est susceptible de nuire à l'efficacité de toute mesure d'éducation visant à permettre aux contribuables de mieux s'approprier le dispositif. Le programme porterait davantage ses fruits si des mesures d'incitation étaient proposées à ceux qui se résolvent à tenir leurs propres registres comptables – un taux d'imposition réduit, par exemple. Le faible taux d'alphabétisation des publics ciblés ajoute encore à ces problèmes. Bien que la Chambre de commerce et d'industrie du Bhoutan persiste à lui demander de poursuivre les ateliers de comptabilité destinés aux petites et très petites entreprises, le DRC a mis un terme à cette initiative en raison de son faible impact et d'un manque de moyens. De l'aveu même du DRC, le succès de cette initiative fut limité ; c'est la preuve qu'il faut sans doute modifier le cadre réglementaire pour que de tels projets d'éducation des contribuables réussissent.

S'ajoute à cela un autre problème de taille : la faiblesse des effectifs et des moyens consacrés aux initiatives d'éducation des contribuables. Le DRC doit employer davantage d'agents tout en conservant sa structure.

Étapes suivantes

À l'avenir, l'éducation des contribuables pourrait également cibler les organisations non gouvernementales (ONG), qui doivent s'enregistrer auprès du DRC pour obtenir une exemption fiscale. Le département pourrait animer des ateliers avec les ONG afin de former leurs membres et de leur enseigner *comment* et *pourquoi* ils doivent tenir un registre comptable, même lorsque leur organisation est exemptée de l'impôt.

Encadré 3.3. **Le Département des recettes et des douanes (Department of Revenue and Customs, DRC) du Bhoutan**

Le Département des recettes et des douanes, rassemblé en une division unique en 1986, est placé sous l'autorité du ministère des Finances. Sa mission consiste à veiller à ce que l'administration fiscale et douanière soit en mesure de percevoir les impôts et les taxes de manière efficace et efficiente, pour un coût minimal et dans le respect impartial et constant des règles en vigueur, et à fournir aux contribuables un service pratique et intègre. Sa vision consiste à contribuer à l'édification de la nation en développant un système de recettes efficace.

Son personnel se compose de 122 agents (répartis entre l'administration fiscale centrale et les huit bureaux régionaux du DRC, qui interagissent directement avec les contribuables). Chacun de ces huit bureaux est compétent dans quatre ou cinq districts. Avec un nombre total de 67 287 contribuables en 2010, le ratio est d'environ un agent fiscal pour 551 contribuables.

Pour plus d'informations, consulter : www.mof.gov.bt.

Source : Département des recettes et des douanes (DRC).

Note

1. Le ministère des Affaires économiques et le ministère du Travail et des ressources humaines ont eux aussi organisé des ateliers de comptabilité, parfois conjointement avec le DRC.

Chapitre 4

Brésil : Assistance comptable et fiscale aux contribuables à faibles revenus

Secrétariat fédéral des recettes

Ce chapitre présente le programme d'éducation des contribuables du Brésil. Il décrit d'abord les objectifs généraux du programme, suivi d'un point sur un élément spécifique, l'assistance comptable et fiscale aux contribuables à faibles revenus. Il examine par la suite l'impact et les leçons à tirer de l'initiative, suivie par un aperçu des prochaines étapes.

Avec plus de 193 millions d'habitants, la République fédérative du Brésil est le cinquième plus grand pays du monde, tant par sa population que par sa superficie (8,5 millions de kilomètres carrés). En 2012, son PIB de 2 223 milliards USD faisait du *Brésil* la septième économie la plus riche du monde. Cette année-là, le Secrétariat fédéral des recettes, que les Brésiliens connaissent sous le nom de *Receita Federal*, a perçu plus de 500 milliards USD d'impôts.

La *Receita Federal* est une agence placée sous l'autorité du ministère des Finances (encadré 4.2). Elle est chargée de la gestion des impôts fédéraux, notamment la collecte des recettes de la sécurité sociale, et des activités douanières. La *Receita Federal* aide également le pouvoir exécutif à élaborer la réglementation fiscale et contribue à la prévention et à la lutte contre l'évasion fiscale, la contrebande, les trafics illicites, le piratage, la fraude commerciale, le trafic de drogues, le commerce d'espèces menacées et d'autres actes illicites en matière de commerce international.

Le programme d'éducation des contribuables au Brésil

Dans les pays modernes et très peuplés comme le Brésil, qui occupe un vaste territoire, un régime fiscal performant doit s'appuyer tout à la fois sur des sanctions traditionnelles et sur des mécanismes pédagogiques pour faire davantage accepter le principe de l'imposition dans la société. C'est pourquoi la *Receita Federal* participe à l'éducation fiscale depuis les années 1970, époque à laquelle le Programme d'éducation fiscale a été lancé. Ce programme s'adresse aux citoyens et aux étudiants, mais aussi aux fonctionnaires, aux comptables et aux agents des douanes.

Le programme d'éducation fiscale de la *Receita Federal* est fondé sur un objectif central : renforcer les liens entre l'État et la société (encadré 4.1). L'idée est d'améliorer la relation qui existe entre l'administration fiscale et le contribuable, et de diffuser des informations relatives à la législation fiscale. Le civisme fiscal volontaire s'en trouve affermie, de même que l'acceptation sociale de l'impôt.

L'agence a bien pris conscience que l'éducation fiscale contribue à la conscience que l'impôt existe et favorise le respect volontaire des obligations fiscales. Elle permet également de réaffirmer au personnel l'importance du travail qu'il accomplit pour fournir à l'ensemble de la société un service d'excellence. L'éducation fiscale contribue à améliorer l'environnement économique du pays en favorisant le débat sur l'évasion fiscale, sur la contrebande, sur le secteur informel et sur le piratage. En outre, elle contribue à l'équilibre macroéconomique, en particulier celui des dépenses publiques. Parce qu'elle permet d'expliquer au public à quoi servent les règles fiscales et comment elles fonctionnent, elle renforce aussi l'image de l'administration fiscale dans la société.

Encadré 4.1. **Objectifs de l'éducation des contribuables au Brésil**

- Informer les citoyens de leurs droits et de leurs devoirs, du rôle socioéconomique de l'impôt et du contrôle par la société des dépenses publiques.
- Sensibiliser aux obligations fiscales et douanières et n'épargner aucun effort pour les simplifier.
- Informer les contribuables des services fournis par la *Receita Federal*, en particulier les services aux contribuables en ligne.
- Contribuer à l'amélioration constante de la qualité du service et faire de l'agence une partie intégrante de la vie quotidienne des citoyens.
- Promouvoir la coopération entre partenaires institutionnels.

Source : Secrétariat fédéral des recettes.

Toutes les unités de la *Receita Federal* sont compétentes pour mener des actions d'éducation fiscale dans le cadre de directives publiques (Receita Federal, 2012). En 2012, 11 941 manifestations d'éducation fiscale ont eu lieu dans le pays, et 4 500 autres s'étaient déjà déroulées jusqu'au mois de juin suivant. La Coordination générale des services aux contribuables et de l'éducation fiscale, qui est dirigée par le Sous-secrétaire de la perception des impôts et des services aux contribuables, assure la coordination des différentes activités.

Focus : Les centres d'assistance comptable et fiscale dans les universités

Le Brésil a un régime fiscal particulièrement complexe par rapport à la moyenne internationale. Cette complexité entraîne des effets différents selon les catégories de citoyens et de professions. Si certains citoyens ont accès à l'information et sont en mesure de recourir à des conseils d'experts, d'autres, économiquement moins favorisés, ont peine à obtenir des conseils fiscaux par les canaux officiels de l'administration fiscale. De même, ils éprouvent parfois des difficultés à se faire comprendre, voire à être entendus des services comptables. Ils s'en trouvent défavorisés et marginalisés – une situation qui les empêche de remplir leurs obligations.

Le régime juridique se caractérise par le même problème de complexité et d'inégalité d'accès ; dans de nombreuses facultés de droit, des cliniques ont été installées pour prodiguer des conseils fiscaux aux personnes défavorisées et les aider à se repérer dans le système juridique. Ces services gratuits permettent aux gens de profiter des connaissances et de la patience des étudiants en droit, et de l'expertise de leurs enseignants. Les étudiants disposent avec cette occasion de se rendre utiles d'un « laboratoire » grandeur nature, qui est une composante essentielle de leur formation technique et sociale. Ces cliniques portent des noms variés mais, pour les besoins de la présente étude, toutes seront nommées par l'acronyme SAJU (*Serviços de Apoio Jurídico a Pessoas Desassistidas*, ou Services de soutien juridique aux personnes les plus défavorisées).

Le succès des SAJU a incité la *Receita Federal* à soutenir le lancement de projets semblables dans les instituts supérieurs de comptabilité et de commerce international, afin que les étudiants viennent en aide aux personnes les plus pauvres. L'initiative a été conçue dès 2008 mais ce n'est qu'en 2011 que les premiers établissements ont accepté de relever le défi. Ces centres, connus sous le nom de Centres d'assistance comptable et fiscale (*Núcleos de Apoio Contábil e Fiscal*, NAF) sont désormais au nombre de 26 dans l'ensemble du Brésil.

Les objectifs des NAF sont les suivants :

1. Fournir une assistance comptable et fiscale aux personnes et aux entreprises économiquement les plus défavorisées (par exemple des petites entreprises ou des particuliers dont le revenu annuel brut ne dépasse pas 12 000 USD, ou des employés de l'établissement d'accueil qui, faute de moyens, ne peuvent accéder à des conseils spécialisés)
2. Agir en qualité de centre de production de connaissances en matière fiscale en organisant des débats, des visites, des groupes d'études et des exposés.

La création des NAF a été en partie inspirée par l'expérience des États-Unis, où des organisations non gouvernementales (ONG) fournissent une assistance en matière fiscale aux personnes les plus pauvres, comme par exemple dans les Cliniques destinées aux contribuables à faibles revenus (Low Income Tax Payer Clinics, LITC ; Taxpayer Advocate Service, 2013). Elles ressemblent aux NAF dans la mesure où elles ne font pas partie de l'administration fiscale, puisqu'elles sont gérées par la société civile. En revanche, les NAF sont exclusivement abrités par des universités et ne recourent qu'à l'expertise d'étudiants. En outre, les LITC se contentent de fournir une assistance aux personnes les plus défavorisées, tandis que les NAF participent aux débats universitaires sur telle et telle question fiscale, ainsi qu'à la formation des étudiants qui se spécialisent en comptabilité ou en commerce international.

Il faut avoir clairement à l'esprit ce que les NAF ne sont pas :

- Ils ne sont pas un prolongement de la *Receita Federal*
- Ils ne se substituent pas aux services comptables
- Ils ne sont le résultat d'aucun contrat officiel de fourniture de services fiscaux que la *Receita Federal* aurait conclu avec les universités.

La solidité du projet tient à deux facteurs : i) l'université ou l'institut concernés sont pleinement autonomes et libres de leur créativité, et ii) la formation universitaire des étudiants bénéficie de l'appui technique et institutionnel de l'administration fiscale. De l'avis de tous les participants, les avantages de ce dispositif sont incontestables. Les citoyens en tirent parti grâce aux conseils qu'ils reçoivent sur des questions fiscales élémentaires. Les services comptables profitent de la possibilité qui leur est offerte de déléguer certains cas difficiles aux NAF, notamment lorsque la communication la plus élémentaire avec le client pose problème. La *Receita Federal* y trouve l'occasion de remplir sa mission d'éducation fiscale et de fournir une assistance aux personnes les plus défavorisées. L'université, quant à elle, y trouve au moins trois avantages : des moyens supplémentaires de développement pour ses étudiants, le renforcement de ses liens avec la population locale et l'amélioration de ses indicateurs de performance au ministère de l'Éducation (qui apprécie le profil de l'université et contribue à son financement, entre autres choses).

Comment fonctionnent les NAF ?

Au départ, la *Receita Federal*, qui est à l'origine du projet, proposait aux universités de créer un NAF. Aujourd'hui, étant donné la réussite des NAF existants, les universités prennent parfois elles-mêmes l'initiative de contacter la *Receita Federal*.

La relation qu'entretiennent la *Receita Federal* et l'université n'est, par essence, que modérément formelle. Tous les NAF n'ont d'ailleurs pas conclu d'accord officiel par écrit : ils se contentent de simples protocoles de coopération ne comportant que des dispositions juridiques de portée très limitée. Ce point est essentiel : en effet, un instrument rigide ou un contrat trop précis étoufferaient les universités en les empêchant de créer de nouvelles structures de soutien et de mettre en pratique des idées innovantes.

En règle générale, l'université organise une séance de présentation pour attirer les étudiants motivés, lesquels se réunissent ensuite avec des enseignants et des agents de la *Receita Federal* à l'occasion de deux ou trois ateliers qui permettent au personnel de l'administration fiscale de former les étudiants dans des domaines essentiels au cursus qu'ils suivront en matière fiscale : l'utilisation des services fiscaux sur le portail internet de la *Receita Federal*, le fonctionnement des bases de données de contribuables, la réglementation applicable aux petites entreprises et le déroulement de la procédure fiscale dans les tribunaux administratifs. Chaque NAF détermine la manière dont il souhaite assister les contribuables à faibles revenus et établit des groupes d'études en fonction de ses moyens (disponibilité des étudiants, du public et des enseignants, etc.). Il s'engage aussi à ne pas entrer en concurrence avec des cabinets d'experts-comptables déjà bien établis. Un NAF peut porter assistance à plus de 50 personnes par jour lors de la période la plus chargée de l'année fiscale.

L'administration fiscale, la communauté universitaire et la société se rencontrent lors de réunions régulières. Les étudiants y présentent des exposés très brefs (de l'ordre de cinq minutes) aux autres classes de l'établissement ; ils agissent ainsi en véritables « pollinisateurs de la culture fiscale ». Il leur appartient de rassembler leurs propres documents (exposés, vidéos, etc.) : cette pratique est l'un des principaux acquis des NAF. Les étudiants visitent des bureaux de l'administration fiscale au moins une fois par an. Ils visitent aussi parfois des sections ouvertes au public, des tribunaux administratifs ou des sections chargées du contrôle fiscal et de la collecte, afin d'observer et de mieux comprendre *in situ* le travail quotidien et la structure de l'institution.

Impacts

- Croissance rapide et régulière du nombre de créations de NAF : de 11 en 2011, leur nombre est passé à 26 dans 5 États aujourd'hui (tableau 4.1). C'est sans doute là que réside le plus beau succès des NAF. La plupart des centres sont situés dans l'État du Rio Grande do Sul, où l'initiative est née, mais de nombreux autres États s'y sont joints depuis. Tous les NAF sont abrités par des instituts de comptabilité à l'exception de celui de Brasilia, qu'accueille une faculté de commerce international.
- Diffusion sociale et médiatique impressionnante : depuis 2011, les NAF ont produit 4 programmes télévisés et plus de 120 publications en ligne sur des questions fiscales pour les personnes économiquement les plus défavorisées. Ils ont organisé environ 80 conférences et participé à de nombreux salons et autres manifestations publiques. Et encore ces chiffres sont-ils sans doute sous-estimés, car d'autres documents circulant sur internet ne sont pas comptabilisés.

- Assistance aux contribuables à faibles revenus : le nombre de personnes qui bénéficient de l'assistance des NAF varie selon les cas. Dans le Rio Grande do Sul, un NAF a aidé plus de 50 personnes par jour en mars et en avril 2013, c'est-à-dire au cours de la période de déclaration de l'impôt sur le revenu. D'autres centres plus modestes ne portent assistance qu'à deux ou trois personnes par semaine.
- Les NAF suscitent un intérêt et un engagement croissants : environ 150 personnes (étudiants bénévoles et enseignants) travaillent dans les 26 NAF. Le premier séminaire régional visant à débattre de l'initiative NAF a attiré 340 participants originaires de plusieurs villes. Si l'administration fiscale ne décide pas qui participe aux projets, elle possède néanmoins un répertoire des collaborateurs pour, le cas échéant, pouvoir diffuser des informations utiles.
- Liens entre l'administration et les citoyens : le projet est désormais d'utilité nationale ; à ce titre, il a été récompensé en 2011 lors du concours le plus prestigieux de la *Receita Federal*, le *Prêmio de Criatividade e Inovação* (Bravo et Peres, 2011). Le projet NAF est considéré comme l'un des piliers du « pont d'or » que l'administration entend bâtir avec la société. Depuis, l'administration fiscale du Brésil en a fait une priorité stratégique. D'autres pays, qui souhaitent aborder la question de l'éthique fiscale par le même angle de la formation des étudiants, s'y intéressent de près.

Tableau 4.1. **L'évolution des centres d'assistance comptable et fiscale au Brésil**

Numéro	NAF	État	Année de création
1	Anhanguera - Passo Fundo	Rio Grande do Sul	2011
2	Cesuca	Rio Grande do Sul	2011
3	FACCAT	Rio Grande do Sul	2011
4	FACOS	Rio Grande do Sul	2011
5	FEMA	Rio Grande do Sul	2011
6	IESA	Rio Grande do Sul	2011
7	IPA Metodista	Rio Grande do Sul	2011
8	Monteiro Lobato (FATO)	Rio Grande do Sul	2011
9	São Judas Tadeu	Rio Grande do Sul	2011
10	UFSM	Rio Grande do Sul	2011
11	UNIJUI	Rio Grande do Sul	2011
12	CESMAC	Alagoas	2012
13	Brasilia	Distrito Federal	2012
14	Anglicana de Erexim	Rio Grande do Sul	2012
15	Facensa	Rio Grande do Sul	2012
16	Feevale	Rio Grande do Sul	2012
17	UCS - Caxias do Sul	Rio Grande do Sul	2012
18	UCPel	Rio Grande do Sul	2012
19	UFRGS	Rio Grande do Sul	2012
20	UNISC	Rio Grande do Sul	2012
21	URI – Santiago	Rio Grande do Sul	2012
22	Coronel Fabriciano	Minas Gerais	2013
23	FADERGS	Rio Grande do Sul	2013

24	Tapejara	Rio Grande do Sul	2013
25	UCS - Nova Prata	Rio Grande do Sul	2013
26	Sorocaba	Sao Paulo	2013

Source : Secrétariat fédéral des recettes.

Enseignements

Ce projet présente de nombreux points positifs à imiter, mais aussi des obstacles à surmonter.

Pour les universités, le principal obstacle consiste à alimenter le vivier d'étudiants disponibles, car nombreux sont ceux qui travaillent à mi-temps en sus de leurs études. Il faut donc prévoir des dispositifs leur permettant de rester impliqués dans le projet. De surcroît, un tel projet induit des coûts à la charge des universités, qui doivent réserver un espace d'étude et de réunion, rémunérer l'enseignant qui supervise les étudiants ou encore se charger de la publicité, par exemple. Les stratégies visant à surmonter ces difficultés varient selon les institutions. Certaines ont choisi de travailler avec les étudiants inscrits en première année de comptabilité, car ils y trouvent une motivation supplémentaire en début de cursus et l'établissement évite ainsi l'érosion rapide du nombre d'étudiants diplômés.

Pour l'administration fiscale, le fait que les NAF puissent recueillir le soutien d'autres acteurs de la fiscalité, et non pas de la seule *Receita Federal*, complique le suivi des projets et le développement cohérent du réseau. Pour relever ce défi, des outils technologiques et de gestion des connaissances sont en cours d'élaboration. C'est une période passionnante pour l'émergence d'idées innovantes en matière de gestion des connaissances. Grâce aux NAF, les apprentis comptables travaillent aux côtés de l'administration fiscale plutôt que contre elle dans le cadre de procédures judiciaires.

L'administration fiscale se heurte à un autre obstacle : estimer le nombre d'employés et les coûts liés au projet. L'expérience prouve qu'un NAF est un projet léger. En moyenne, cinq à six centres ne mobilisent ensemble qu'un seul agent de la *Receita Federal*. Son rôle consiste à aider à planifier les manifestations, à prodiguer des conseils techniques aux étudiants et à donner des cours. Les interventions sont cadrées avec précision (réunions, conférences ou encore visites, entre autres) et peuvent être réparties entre des agents de l'administration fiscale qui exercent déjà au contact du public ou qui participent à des projets d'éducation fiscale. Au total, les sections concernées de l'administration fiscale ne consacrent aux NAF qu'un temps de travail très limité.

Étapes à suivre

Le concept de NAF ne cesse de se nourrir de nouvelles initiatives. Récemment, plusieurs NAF ont commencé à travailler avec les SAJU en apportant leur contribution dans des affaires judiciaires simples pour lesquelles des rapports comptables ou de contrôle fiscal étaient requis. D'autres centres expérimentent l'assistance en amont aux populations qui se trouvent dans le besoin : les étudiants installent des caravanes dans des quartiers parsemés de petits commerces et peuplés de personnes occupant des logements de manière illicite, de personnes âgées défavorisées, etc.

En clair, les NAF témoignent d'une amélioration substantielle de la relation entre l'administration fiscale et le comptable, lequel commence d'emblée sa carrière aux côtés de l'administration plutôt que contre elle dans le cadre de procédures judiciaires. Cette relation, qui découle d'une connaissance et d'une confiance mutuelle, renforce le lien qui unit l'État et la société.

Encadré 4.2. **La *Receita Federal***

La mission de la *Receita Federal* consiste à gérer les impôts et les taxes de manière équitable et respectueuse des citoyens et de l'intérêt général. La *Receita Federal* emploie 28 000 personnes dans tout le Brésil. Elle dispose d'une Section centrale – qui se trouve dans la capitale, Brasilia – composée de 5 sous-secrétariats et de 11 bureaux d'assistance spéciale directe. Les sections décentralisées se composent de 10 bureaux régionaux, 103 bureaux de jugement, 26 bureaux des douanes, 55 bureaux d'inspection et 362 agences.

Pour plus d'informations, consulter : le site internet de la *Receita Federal :* www.receita.fazenda.gov.br

Source : Secrétariat fédéral des recettes.

Références

Bravo, A.M. et Peres, C.B. (2011), "Construindo a Ponte de Ouro entre a Receita Federal do Brasil e o Contribuinte: Os resultados de uma pesquisa-ação" (Bâtir le pont d'or entre la *Receita Federal* et le contribuable : résultats d'une recherche-action), *Administração Pública Prêmio de Criatividade e Inovação*, (en portugais), Auditor-Fiscal da Receita Federal do Brasil José Antônio Schontag (Auditeur fiscal, Secrétariat fédéral des recettes), ESAF, Brasília, disponible à l'adresse suivante : http://www.esaf.fazenda.gov.br/editor/resolveuid/ebbad3fdc279b57219ba00cbdba8ee60.

Receita Federal (2012), *Portaria* RFB n° 896 (en portugais), 5 avril 2012, disponible à l'adresse suivante : www.receita.fazenda.gov.br/Legislacao/Portarias/2012/portrfb8962012.htm.

Taxpayer Advocate Service (2013), *Low Income Taxpayer Clinics: Progress Report*, février 2013, Department of Treasury, Washington DC, disponible à l'adresse suivante : www.irs.gov/pub/irs-pdf/p5066.pdf.

Chapitre 5

Burundi : Mobiliser le secteur informel

Office Burundais des Recettes

Ce chapitre présente le programme d'éducation des contribuables du Burundi. Il décrit d'abord les objectifs généraux du programme, suivi d'un point sur un élément spécifique, la mobilisation du secteur informel. Il examine par la suite l'impact et les leçons à tirer de l'initiative, suivie par un aperçu des prochaines étapes.

Le Burundi a fait de l'élargissement de sa base imposable une priorité absolue. De nombreux commerces – surtout des petites et très petites entreprises – exercent dans le secteur informel. Ils ne connaissent pas toujours leurs obligations en matière fiscale et en ignorent souvent la raison d'être, ainsi que les bénéfices éventuels qu'ils obtiendraient en s'intégrant dans l'économie formelle.

L'Office Burundais des Recettes (OBR ; encadré 5.3) s'efforce de sensibiliser un public tantôt sceptique, tantôt désorienté quant aux raisons qui justifient l'impôt, et aux moyens de l'acquitter. Il informe le monde des affaires des nouvelles méthodes de paiement de l'impôt (et des conséquences qu'entraîne son non-paiement), et rappelle à tous que la corruption, la fraude et l'évasion fiscale reviennent à voler l'ensemble de la société. De concert avec des partenaires institutionnels et autres, il démontre aux investisseurs potentiels que la lisibilité du régime fiscal témoigne de l'accueil que les autorités et le public sont disposés à leur faire au Burundi.

L'éducation des contribuables au Burundi

L'éducation des contribuables est une compétence qui relève de la Section de l'éducation des contribuables de l'OBR, qui travaille de concert avec la Section des médias de la Division de la communication. Ces deux sections sont placées sous l'autorité de la Direction de la communication et des services aux contribuables. La Section de l'éducation des contribuables est composée de deux agents qui mettent en œuvre une série de programmes et d'initiatives à l'intention de l'ensemble des contribuables assujettis au paiement de l'impôt sur le revenu, en particulier ceux d'entre eux qui se trouvent dans les tranches inférieures, le secteur informel et les jeunes (encadré 5.1) :

- Publication d'informations sur le site internet de l'OBR
- Publication d'informations dans la presse locale et internationale
- Production de nombreuses émissions de radio et de télévision
- Organisation de séminaires et d'ateliers
- Organisation de campagnes de sensibilisation dans les centres commerciaux

Encadré 5.1. **Objectifs de l'éducation des contribuables au Burundi**

- Améliorer le civisme fiscal tout en fournissant aux contribuables des services de très bonne qualité.
- Expliquer pourquoi et comment les impôts doivent être payés.
- Informer le public en général et les contribuables en particulier des projets innovants qui visent à raccourcir les procédures de déclaration et de paiement des impôts et taxes.
- Éclairer les contribuables concernant l'évolution de la législation fiscale et tout autre nouvelle mesure administrative afin qu'ils soient bien informés de leurs obligations fiscales.
- Sensibiliser les contribuables à la nécessité de lutter contre la corruption et la fraude.
- Donner aux citoyens les moyens de participer aux débats sur l'emploi des recettes fiscales.
- Approfondir les connaissances des citoyens en matière fiscale.

Source : Office Burundais des Recettes.

L'essentiel de ce travail repose sur des partenariats étroits avec les médias locaux ; le Commissaire général de l'OBR rencontre personnellement des responsables des médias au cours de « cafés presse » trimestriels, qui sont devenus le lieu privilégié de rencontre entre l'OBR et les médias. Des contrats sont actuellement en cours d'élaboration avec une série d'organes de presse afin de soutenir les activités de sensibilisation de l'OBR. Le choix des médias concernés répond à plusieurs critères : importance du public, réputation ou encore gamme des programmes.

L'OBR a aussi pour partenaires des organisations d'entreprises – en particulier la Chambre fédérale de commerce et d'industrie du Burundi – et des investisseurs tels que TradeMark East Africa (encadré 5.2). TradeMark East Africa est financé par des agences internationales de développement et vise à accroître le commerce et l'investissement dans la région.

Focus : La campagne en faveur du numéro d'identification fiscale dans le secteur informel

De novembre 2011 à août 2012, l'OBR a mené une campagne visant à encourager les commerçants du secteur informel à s'immatriculer pour obtenir un numéro d'identification fiscale (NIF) et, du même coup, intégrer la base imposable. La campagne a démarré dans les centres commerciaux de la capitale, Bujumbura, avant de s'étendre aux marchés et aux boutiques.

Compte tenu du fait qu'il est très difficile d'atteindre cette catégorie de population, le programme d'identification fiscale a été conduit conjointement par la Direction de la communication et des services aux contribuables, la Direction des petits et moyens contribuables et la Direction chargée de la gestion des risques.

Le public burundais est tantôt sceptique, tantôt désorienté quant aux raisons qui justifient l'impôt, et aux moyens de l'acquitter. La campagne a débuté par des sessions de sensibilisation sur les raisons qui justifient le paiement de l'impôt, afin d'approfondir les connaissances des citoyens en matière fiscale. Ces sessions étaient animées conjointement avec des administrateurs locaux et des responsables de marchés, lesquels étaient ensuite tenus de diffuser les informations recueillies et d'annoncer aux commerçants l'imminence d'une période d'immatriculation. Une telle méthode est capitale, car le message est d'autant mieux reçu lorsqu'il est transmis par les autorités administratives plutôt que par des agents de l'OBR. L'opération d'immatriculation a également fait l'objet d'une annonce publique par voie de communiqué de presse et sur les ondes de la radio nationale, régionale et locale. Des documents d'information ont été rédigés en français et en kirundi.

Après les campagnes générales de sensibilisation, une deuxième phase a concerné les centres commerciaux pour sensibiliser plus spécifiquement les citoyens et les contribuables à la nécessité de s'immatriculer afin de veiller au respect de leurs obligations fiscales. Pour ce faire, une équipe de 12 agents d'immatriculation a été recrutée parmi les étudiants de l'Université du Burundi. Leur tâche consistait à aider les commerçants à s'immatriculer, suite à quoi ceux-ci étaient invités à se rendre dans un bureau de l'administration fiscale afin d'obtenir un NIF. Les agents de l'OBR ont couvert l'ensemble des centres commerciaux de toutes les communes de Bujumbura, quartier par quartier.

Outre les étudiants, 5 employés de l'OBR ont participé à cette initiative. Leur rôle principal a consisté à recenser les contribuables non immatriculés. Le coût total du projet s'est élevé à 30 000 USD environ. Le financement est venu de TradeMark East Africa (qui a mis un véhicule de soutien à disposition) et de l'OBR.

Impacts

- Augmentation de l'immatriculation des contribuables : l'initiative n'a pas encore fait l'objet d'une évaluation, mais elle est un succès, comme en atteste le fait qu'environ 7 000 nouveaux contribuables ont été immatriculés au cours de la campagne. Leurs NIF ont été délivrés. Cette augmentation de l'immatriculation des contribuables permettra d'accroître le nombre de déclarations concernant plusieurs types d'impôts et de réduire la taille du secteur informel.
- Approfondissement des connaissances des contribuables en matière fiscale : le projet a également permis aux contribuables d'acquérir des connaissances sur la méthode de paiement de l'impôt, tout en renforçant leur prise de conscience de l'obligation morale qu'ils ont à s'acquitter de l'impôt « de leur plein gré ».
- Des perceptions plus positives : le public a apprécié le fait que l'administration fiscale ait consenti un véritable effort pour s'adresser à lui. L'initiative semble aussi avoir eu pour effet de renforcer quelque peu l'impression qu'ont les contribuables d'être traités de manière équitable et transparente par l'administration fiscale, et de les rassurer quant au fait que les autres contribuables paient eux aussi leur part de l'impôt.
- Renforcement du civisme fiscal : les respect des obligations fiscales a beaucoup progressé ces cinq dernières années.

Enseignements

Cette initiative souligne à quel point, pour être efficace, une stratégie de sensibilisation doit impliquer des fonctionnaires – autorités locales ou représentants des commerçants, par exemple – plus proches de la population que ne le sont ceux de l'administration fiscale. Il est donc essentiel d'obtenir l'appui de l'ensemble des acteurs concernés et de les impliquer dès le démarrage du projet. Les contribuables potentiels doivent être persuadés du rôle essentiel que joue l'impôt dans le développement d'un pays pauvre.

Ainsi, certaines autorités locales et des comités de marché ont craint que cette initiative ne nuise au commerce. Il a donc fallu les persuader en amont, afin de faciliter ensuite l'action de l'OBR. De ce point de vue, TradeMark East Africa a été un partenaire utile, contribuant à convaincre les autorités locales et les représentants des commerçants que le système fiscal joue un rôle important pour la croissance du commerce et de l'investissement (encadré 5.2). L'OBR prend actuellement des dispositions pour établir un cadre de collaboration avec les autorités locales, qui permettra de mener des activités conjointes de sensibilisation des contribuables dans tout le pays.

Le principal obstacle à surmonter consiste à convaincre les contribuables potentiels que les impôts jouent un rôle essentiel dans le développement d'un pays pauvre. N'étant pas conscients de cette priorité urgente, de nombreux contribuables ne se sont pas présentés pour remplir leur carte NIF d'immatriculation, ou ont tout simplement refusé de communiquer quelque information que ce soit. Il a fallu déployer des efforts répétés pour qu'ils s'immatriculent.

Encadré 5.2. Expliquer les avantages de l'impôt

L'OBR a récemment lancé une nouvelle Stratégie de communication et de lutte contre la corruption de 18 mois, en collaboration avec TradeMark East Africa et avec le soutien de USAID. Cette campagne portera sur trois points :

1. Éducation générale du public concernant les nouvelles procédures fiscales et les services offerts aux contribuables.
2. Diffusion de messages de lutte contre la corruption et recherche de soutiens pour créer un centre d'appels afin que le public puisse signaler des cas de corruption présumée.
3. Diffusion d'informations sur les efforts déployés par le gouvernement pour améliorer la réglementation applicable au milieu des affaires, sur la manière dont les recettes fiscales servent l'intérêt général, et sur les avantages que retire le Burundi de son appartenance à la Communauté d'Afrique de l'Est (*East African Community*, EAC).

Source : Office Burundais des Recettes.

Étapes suivantes

Une fois les NIF attribués, l'étape suivante consistera à expliquer aux personnes nouvellement immatriculées comment déclarer leurs revenus et payer leurs impôts. Le projet sera également étendu aux autres centres commerciaux du pays. Des efforts sont encore en cours pour atteindre les vendeurs de rue. En 2013 avec la création d'une nouvelle Direction des petites et très petites entreprises, l'action entreprise se poursuivra en collaboration avec les autorités locales, et une attention particulière sera accordée aux contribuables des zones rurales. L'OBR envisage aussi d'être présent chaque semaine au marché central de Bujumbura et d'organiser tous les deux mois un « tour des régions » structuré.

Ce projet pourrait s'enrichir davantage grâce au soutien du cabinet de consultants Adam Smith International, qui pourrait apporter une assistance technique en matière d'éducation et de sensibilisation des contribuables.

Encadré 5.3. L'Office Burundais des Recettes (OBR)

Créé par la loi le 14 juillet 2009, l'OBR est un établissement public semi-autonome de collecte des recettes publiques. Son objectif général est de réduire la pauvreté en améliorant la collecte des recettes publiques et le climat des affaires. Il vise à devenir une administration fiscale moderne contribuant au développement économique du Burundi et à son intégration dans l'économie régionale et mondiale.

L'OBR emploie 632 employés répartis entre 8 bureaux urbains et 11 bureaux ruraux. Son travail obéit à quatre objectifs stratégiques :

1. Optimisation des recettes
2. Renforcement du civisme fiscal
3. Mise en place d'une organisation compétente et efficace
4. Élaboration de mécanismes et de procédures de contrôle interne efficaces.

Pour plus d'informations, consulter : www.obr.bi.

Source : Office Burundais des Recettes.

Chapitre 6

Chili : Une présence croissante en ligne

Service des impôts nationaux (SII)

Ce chapitre présente le programme d'éducation des contribuables du Chili. Il décrit d'abord les objectifs généraux du programme, suivi d'un point sur un élément spécifique, la présence croissante en ligne. Il examine par la suite l'impact et les leçons à tirer de l'initiative, suivie par un aperçu des prochaines étapes.

Le Service des impôts nationaux – *Servicio de Impuestos Internos* (SII; voir encadré 6.4) – estime que l'éducation des contribuables est un outil essentiel pour modifier la perception qu'ont les Chiliens de l'impôt, et y voit un investissement à long terme. Le projet d'éducation civique en matière fiscale a été lancé en 2006 pour mieux faire connaître l'importance sociale des impôts pour le pays. Sept ans plus tard, ce programme coordonne désormais tout une série d'initiatives en matière d'éducation des contribuables.

L'éducation des contribuables au Chili

Au sein du département de la Sous-direction des impôts (Direction nationale), le Programme d'éducation du Service des impôts nationaux conçoit et coordonne les actions d'éducation des contribuables du SII (encadré 6.1). Le chef de l'éducation des contribuables du SII est le responsable du programme et supervise environ 180 responsables de l'éducation fiscale. Au niveau régional, chaque département est composé de responsables et de collaborateurs qui conduisent des activités dans leur région.

Encadré 6.1. **Objectifs de l'éducation des contribuables au Chili**

- Modifier la perception de l'impôt.
- Faire comprendre l'importance sociale des impôts pour le pays.
- Investir dans l'avenir en sensibilisant les enfants.

Source : Service des impôts nationaux (SII).

La priorité du programme consiste à fournir des informations et des contenus pédagogiques en matière d'éducation fiscale, et à sensibiliser les enfants. Une palette d'initiatives sont prises à ces fins :

- Un site internet éducatif et un portail en ligne (voir ci-dessous).
- Une pièce de théâtre, « Sur la planète SII », représentée en tournée dans plusieurs régions du pays.
- Des articles de promotion dans des magazines spécialisés (*Maestra Básica* et *Aula Creativa*).
- Fourniture d'outils pédagogiques à utiliser en classe.
- Séries télévisées : épisodes éducatifs, par exemple, du programme pour enfants intitulé *Les Aventures d'Ivo le Chinchilla,* diffusé par la Télévision nationale du Chili, dans lesquels Ivo et ses amis abordent des notions liées à la citoyenneté et à la vie en société ; et la série télévisée éducative intitulée *Les débuts du gang*, destinée aux étudiants et conçue conjointement par le Service national des douanes (SNA) et le Trésor général de la République.
- Visites dans des écoles de responsables publics qui expliquent l'impôt aux élèves et aux enseignants de manière à la fois informative et ludique.

- Extension du programme d'éducation des contribuables à l'enseignement secondaire et supérieur, dans le cadre du Plan stratégique 2011-2014 du SII.
- Un module d'éducation des contribuables est inséré dans les programmes de formation que suivent tous les employés du SII, ainsi que toute personne chargée de responsabilités en matière d'éducation des contribuables, afin que cette matière soit couverte dans toutes les formations internes.

Pour mettre en œuvre et promouvoir une approche conjointe de l'éducation fiscale, il a été fait appel à la coopération de plusieurs partenaires-clé. C'est ainsi que le Conseil de la télévision nationale (CNTV) a apporté son soutien au programme en créant et en diffusant des séries audiovisuelles éducatives.

De même, le ministère de l'Éducation a révisé les outils pédagogiques du cycle primaire et l'Autorité chilienne de la consommation (Sernac) a intégré un module d'éducation fiscale dans son programme de formation des enseignants.

Le programme « Fiscalité » d'EUROsociAL a apporté son soutien à plusieurs initiatives, y compris aux échanges entre pays d'Amérique latine pour tirer parti de l'expérience acquise dans la région en matière d'exécution des projets d'éducation fiscale (voir par exemple les chapitres 8 et 9).

Focus : L'éducation des contribuables en ligne

Cette initiative pédagogique lancée en 2006 dans le cadre du programme d'éducation des contribuables consiste en deux portails en ligne : SIIEduca et Planeta SII. Accessibles gratuitement, ils sont deux des principaux outils du programme d'éducation des contribuables.

Le premier site, SIIEduca, est destiné aux enseignants, aux parents et aux formateurs ainsi qu'à l'ensemble du public. Il comporte des informations concernant l'éducation des contribuables et propose des contenus pédagogiques aux enseignants et aux formateurs (encadré 6.2). Le second site, Planeta SII, est destiné aux élèves de l'école primaire (âgés de 6 à 13 ans) et à leurs enseignants (encadré 6.3). Les outils pédagogiques, présentés de manière ludique, visent à renforcer le sens des responsabilités et des valeurs civiques. Les élèves y apprennent ainsi l'importance de la solidarité, du travail en équipe et de l'obéissance aux autorités locales, à quoi s'ajoutent des informations sur la fiscalité. Les élèves ont ainsi accès à des données touchant à leur vie quotidienne et auxquelles les enseignants peuvent recourir pour étoffer leurs programmes en y ajoutant des éléments transversaux ayant trait à la fiscalité.

Encadré 6.2. **SIIEduca: un outil pour les enseignants**

- Un portail en ligne spécialement destiné aux enseignants.
- Tous les enseignants peuvent y consulter des documents utiles et s'y renseigner sur les bonnes pratiques pédagogiques en matière fiscale.
- Des informations par discipline (cours) sont disponibles pour chaque année du cursus primaire (de la première à la huitième année), avec des programmes de cours pour le premier cycle d'enseignement primaire et des propositions de programme pour le second cycle.
- Des outils pédagogiques sont proposés aux étudiants, surtout dans l'enseignement supérieur technique et professionnel, avec des modules sur l'éducation fiscale, la

gestion des petites entreprises et la réglementation commerciale et fiscale. Une attention toute particulière est apportée à l'entreprenariat.

- Les contenus proposés aux enfants sont complétés par les jeux disponibles sur Planeta SII.
- L'introduction des nouvelles technologies dans la salle de classe encourage les enfants à naviguer sur internet.
- Le site comporte des liens vers des réseaux sociaux, des actualités et des vidéos.

Pour plus d'informations, consulter : www.siieduca.cl.

Source : Service des impôts nationaux (SII).

Le site Planeta SII combine éducation et divertissement avec succès : il attire les enfants grâce à tout une gamme de jeux et de films, de cours ludiques et de personnages amusants et attachants comme Maite, Gaspar et Ivo. Il comporte des extraits de musique hip-hop, très populaire, et attire le regard ; sa page d'accueil, rédigée en termes simples et clairs, captive d'emblée l'internaute. Sur le site destiné aux enfants, le caractère divertissant prime sur la teneur du message.

Encadré 6.3. **Planeta SII: Les enfants s'amusent autour de l'impôt**

- Un site internet spécialement destiné aux enfants (âgés de 6 à 13 ans). Il propose des contenus ludiques censés aider les enfants à apprendre en s'amusant (jeux, vidéos, chansons et une mascotte, Ivo le chinchilla).
- Aborde les thèmes transversaux de l'éducation civique fondée sur les valeurs, et intègre des contenus relatifs à la fiscalité – types d'impôt, taux d'imposition, etc. – dont, cependant, la teneur passe après le caractère divertissant.
- Divisé en deux phases, avec des niveaux de difficulté correspondant aux différentes catégories d'âge.
- Les jeux sont cohérents avec les calendriers d'enseignement fournis par SIIEduca.
- Encourage le respect de l'environnement : Ivo le chinchilla appartient à une espèce menacée. Ce thème transversal est, *in fine*, destiné à favoriser la protection du patrimoine national et des biens publics.

Pour plus d'informations, consulter www.planetasii.cl.

Source : Service des impôts nationaux (SII)

Au fil du temps, les deux sites ont été enrichis. En 2012, ils ont été réaménagés afin d'améliorer leur ergonomie et de les articuler avec les réseaux sociaux. En 2013, des documents ont été insérés pour les étudiants, ajoutant ainsi au public cible une nouvelle catégorie de population.

Des entreprises extérieures ont collaboré à la création de ces sites en mobilisant des concepteurs graphiques ou des experts ayant contribué à la conception d'outils pédagogiques. Le recours à ces services s'est fait par voie d'appel d'offres externes, l'appel précisant bien que les candidats devaient être des professionnels de l'éducation, de la conception ou de la communication. Le ministère de l'Éducation a parrainé la révision et la diffusion des outils d'enseignement pour le cycle primaire.

Au cours de la phase de création, une alliance a été conclue avec Educarchile pour faire d'index les contenus électroniques du programme. Educarchile est un portail en ligne indépendant et pluraliste, financé par des fonds privés, qui joue le rôle d'un service public et collabore avec le secteur public comme le secteur privé. Educarchile travaille pour l'ensemble des membres de la communauté éducative : les écoles, les enseignants, les étudiants et les proviseurs, mais aussi les familles chiliennes et les organisations de parents et de formateurs, les communes et les entreprises marraines, les spécialistes de la recherche pédagogique, ainsi que les facultés universitaires et les organisations éducatives et culturelles.

Recruter le personnel de la campagne d'éducation des contribuables

La plupart des 180 superviseurs de l'éducation fiscale fournissent des idées et des propositions judicieuses concernant les sites. Ils reçoivent l'appui d'un concepteur interne, de deux informaticiens, d'un assistant administratif et d'un responsable de site. Le tableau 6.1 présente leurs rôles respectifs.

Les cinq employés externes sont un enseignant, un psychologue scolaire, un conseiller en méthodologie, un concepteur de sites internet et un programmateur informatique.

Les responsables et les superviseurs régionaux reçoivent une formation avant de se rendre dans les écoles et d'y donner des conférences pour faire la promotion des sites et des outils disponibles.

Tableau 6.1. **Rôle des catégories de personnel dans l'éducation fiscale au Chili**

Superviseurs de l'éducation fiscale	Conférences et visites régionales pour faire la promotion des sites internet et des outils qu'ils contiennent
Chef du programme d'éducation fiscale	Coordination de diverses activités, propositions de rédaction, procédure d'appel d'offres, planification, etc.
Hauts fonctionnaires compétents dans le domaine couvert par le programme	Collaboration aux réunions, rédaction de propositions, révision des documents, expérimentation des produits
Assistance à la conception interne	Graphisme et conception du programme
Assistance informatique	Assistance technique et élaboration des produits ; installation de serveurs d'essai et fourniture de l'accès à internet
Assistance administrative	Élaboration du périmètre des appels d'offres et sélection des candidats
Responsable de site	Principal responsable de la maintenance (appels d'offres, commentaires et questions, réseaux sociaux)
Personnel externe, entreprises sélectionnées par appel d'offres	Élaboration des documents et des propositions soumis aux critères techniques, aux contraintes de conception et aux exigences des programmes scolaires

Source : Service des impôts nationaux (SII)

Tableau 6.2. **Coûts approximatifs du programme d'éducation fiscale au Chili**

	Peso chilien	USD	Taux de change
2006 (Phase 1)	17 millions	32 056	530.33 CLP/USD
2008 (Phase 2)	33 millions	63 222	521.97 CLP/USD

2009 (Maintenance)	2 millions	3 574	559.67 CLP/USD
2011 (Réaménagement)	4 millions	8 267	483.84 CLP/USD
2012 (Phase 3)	2 millions	4 109	486.89 CLP/USD
Total	58 millions	111 228	

Source : Service des impôts nationaux (SII)

Impacts

Le SII estime que l'éducation fiscale est un investissement à long terme qui portera ses fruits avec les générations futures. Toutefois, l'introduction de l'éducation fiscale dans l'enseignement secondaire et supérieur devrait produire des résultats plus tôt que cela, car les étudiants, qui seront bientôt diplômés, auront à prendre des décisions concernant leurs devoirs de citoyens – y compris en matière fiscale.

Une entreprise indépendante – Adimark – a procédé à l'évaluation des perceptions parmi les enfants scolarisés à l'école primaire. En voici les conclusions :

- Les enfants et leurs enseignants apprécient le site Planeta SII : les enfants âgés de six à neuf ans réagissent positivement au caractère éducatif et divertissant du site. Les enseignants, quant à eux, lui trouvent ces mêmes qualités et ont généralement une réaction positive. Ils apprécient notamment l'importance que le SII accorde à l'éducation civique.
- Les sites sont des outils pédagogiques utiles : les enseignants ont noté que les sites correspondent bien à leurs méthodes de travail en milieu scolaire et leur fournissent des informations sur la fiscalité qu'ils ignoraient jusque-là.
- Les agents de l'administration fiscale jugent les sites utiles : ils ajoutent une dimension nouvelle à leur action tout en enrichissant le travail qu'ils accomplissent pour leur pays d'un fort sentiment d'engagement social.
- Les sites contribuent à l'évolution des perceptions : ils aident les enseignants à considérer et à interpréter la fiscalité d'un point de vue différent dont ils tiennent compte dans leur travail quotidien d'éducateurs. Ces idées trouvent aisément leur place dans les programmes, plutôt que de n'être qu'un « fardeau supplémentaire ».
- Les sites donnent une image plus positive de l'action éducative du SII et de l'attention qu'il porte aux questions civiques.

On notera que cette étude a été menée au premier semestre 2006, pendant la phase expérimentale du site. Ces résultats ont été pris en compte et le site a été modifié en conséquence ; il a notamment été procédé à des ajustements de contenu et de navigation qui ont permis au SII d'inaugurer officiellement le site à l'échelle nationale en novembre 2006.

En août 2012, la fondation chilienne Queveo a remis le Prix Queveo 2012, dans la catégorie « internet pour les enfants », à www.planetasii.cl, pour sa contribution à l'éducation civique. Ce prix annuel récompense les programmes télévisés, les sites internet, les publicités et les initiatives éducatives en ligne qui font la promotion de valeurs sociales telles que le respect, la tolérance, la responsabilité, la persévérance et le discernement, entre autres.

Enseignements

Les sites éducatifs du Programme d'éducation fiscale sont devenus des outils essentiels à l'approfondissement des connaissances en matière fiscale dans de nombreux domaines. C'est tout particulièrement vrai à l'école, où l'éducation fiscale est jugée cruciale.

Le principal défi de ce projet consiste à s'assurer que les contenus en ligne et la plateforme de navigation sont à jour et conservent toute leur pertinence. De nouveaux outils doivent sans cesse y être ajoutés, car le programme encourage les utilisateurs à approfondir leurs recherches et à relever de nouveaux défis. En outre, les technologies ne cessent d'évoluer. En clair, il est indispensable de procéder à des évaluations stratégiques et régulières pour que ce projet demeure dynamique, attractif et pertinent pour la catégorie de population qu'il vise (en proposant par exemple des rubriques faites de vidéos sur mobile, d'actualités ou encore d'appels d'offres).

Étapes suivantes

Outre les actions de mise à jour continue et de suivi des réseaux sociaux évoqués ci-dessus, le programme prévoyait d'ajouter en 2013 des outils destinés aux étudiants en privilégiant l'enseignement technique et professionnel. L'objectif était de produire suffisamment de contenus d'ici 2014 pour couvrir tous les niveaux de l'enseignement tertiaire, abordant les questions tel que l'entreprenariat, l'innovation et l'importance qu'il y a à ne pas participer à l'économie informelle.

Encadré 6.4. Le Service des impôts nationaux

Le Service des impôts nationaux (SII) est l'une des institutions fiscales de l'État. Placé sous l'autorité de la Direction des impôts, il a pour objectif d'optimiser et de faciliter le respect volontaire des obligations fiscales. Il y parvient en fournissant des services de manière efficiente, équitable et transparente, en mettant à la disposition de la population les moyens qui lui permettront de s'y conformer. Son travail est confié à des fonctionnaires compétents et dévoués. Ses 4 184 employés se répartissent entre la Direction nationale, 18 départements régionaux, 50 unités (au sein des départements régionaux) et une Division des contribuables à hauts revenus.

Pour plus d'informations :

Site internet : www.sii.cl

Adresse électronique du programme d'éducation fiscale : portaleducativo@sii.cl

Source : Service des impôts nationaux (SII).

Chapitre 7

Colombie : Signature numérique et déclaration électronique

Direction nationale des impôts et des douanes

Ce chapitre présente le programme d'éducation des contribuables de la Colombie. Il décrit d'abord les objectifs généraux du programme, suivi d'un point sur un élément spécifique, la signature numérique et déclaration électronique. Il examine par la suite l'impact et les leçons à tirer de l'initiative, suivie par un aperçu des prochaines étapes.

En Colombie, le ministère de l'Économie et des Finances et la Direction nationale des impôts et des douanes (DIAN; encadré 7.2) ont conscience des problèmes systémiques que connaît le pays et du rôle que joue le système fiscal pour les résoudre. En 2012, la Colombie a entrepris de réformer l'ensemble de sa fiscalité. Ses principaux objectifs visent à encourager la régularisation de l'emploi en réduisant le coût du travail, à réduire les inégalités grâce à la progressivité de l'impôt sur le revenu, à simplifier les taux de TVA, à accroître les recettes fiscales à moyen terme en adoptant des mesures favorables à la croissance et à la régularisation, et enfin à réduire l'évasion fiscale en prenant de nouvelles mesures de lutte contre l'évitement.

La DIAN contribue à garantir la sécurité fiscale de la Colombie et à protéger l'ordre public et économique national en appliquant la législation fiscale, douanière et commerciale et en veillant à ce qu'elle soit respectée. Elle partage avec le ministère de l'Économie et des Finances la responsabilité conjointe de la réforme de l'impôt et des politiques fiscales. D'autre part, elle travaille de concert avec le ministère du Commerce extérieur pour plaider en faveur du respect par les entités du secteur privé de leurs obligations fiscales. En matière de communication, elle a notamment pour missions principales d'interpréter la législation fiscale et d'échanger avec les contribuables (encadré 7.1).

L'éducation des contribuables en Colombie

La responsabilité de l'éducation des contribuables est répartie entre plusieurs départements et agences relevant de la DIAN. Cela étant, le Bureau des communications joue un rôle-clé puisqu'il est chargé d'élaborer les stratégies et de concevoir les campagnes. Il veille à ce que toutes les publications soient rédigées dans une langue conviviale et renseigne sur les obligations auxquelles sont soumis les contribuables, sur les sanctions légales, ainsi que sur les effets néfastes de l'évasion fiscale et les effets bénéfiques du respect des obligations fiscales pour la société.

Encadré 7.1. **Objectifs de l'éducation des contribuables en Colombie**

- Encourager l'acceptation sociale de l'impôt.
- Promouvoir une culture du paiement de l'impôt.
- Fournir aux citoyens des orientations et des informations à jour sur les règles, les procédures et les outils qui sont à leur disposition pour les aider à respecter leurs obligations en matière de fiscalité, de douanes et de change.
- Montrer aux citoyens comment payer leurs impôts.
- Expliquer pourquoi il faut payer ses impôts.
- Accroître le nombre de citoyens qui paient des impôts.
- Donner aux citoyens les moyens de participer aux débats sur l'emploi des recettes fiscales.
- Accroître les connaissances des citoyens en matière fiscale.

Source : Direction nationale des impôts et des douanes.

Plus précisément, les activités suivantes – entre autres – sont menées :

- Développement de sites internet consacrés à chaque type d'impôt ou de taxe afin de fournir aux contribuables toutes les informations dont ils ont besoin pour remplir leurs obligations fiscales
- Campagnes dans la presse et les médias sociaux pour promouvoir l'acceptation sociale de l'impôt et informer les contribuables et les usagers des services douaniers comment remplir leurs obligations fiscales sans peine
- Séminaires et ateliers
- Production de fascicules pédagogiques sur les impôts pour les établissements d'enseignement secondaire et élémentaire
- Concours et récompenses
- Visioconférences
- Élaboration de guides numériques, de brochures, de services et d'autres informations

En matière d'éducation des contribuables, les actions de la DIAN ciblent les publics suivants :

- Tous les contribuables assujettis à l'impôt sur le revenu
- Tous les contribuables assujettis à l'impôt sur les sociétés
- Le secteur informel
- Les personnes déplacées en raison de violences
- Les jeunes, surtout les jeunes entrepreneurs
- Les groupes d'action locale qui participent aux salons de services sociaux et d'autres catégories d'associations.

La DIAN emploie deux personnes à temps plein pour conduire des recherches sur l'éducation des contribuables. Leurs travaux consistent notamment à cibler les stratégies en fonction des différentes catégories de publics dans l'ensemble du pays, et à définir le calendrier des campagnes menées au fil de l'année fiscale. Elles évaluent aussi l'impact des activités d'éducation des contribuables et l'évolution de leurs perceptions.

D'autre part, la DIAN a étroitement collaboré avec le ministère de l'Éducation en matière d'éducation fiscale dans les établissements scolaires. Elle entretient désormais des liens de partenariat direct avec plusieurs écoles de la capitale, Bogotá. Le Centre des médias se charge des partenariats avec les médias et centralise la gestion des contrats. La DIAN travaille aussi avec des organisations d'entreprises et avec des organisations de la société civile. Les partenariats conclus avec des associations commerciales répondent généralement à une demande d'atelier ou de formation émanant d'organisations d'entreprises. Le projet EUROsociAL est lui aussi un partenaire important qui apporte son appui à diverses activités d'éducation des contribuables.

Focus : La signature numérique et la campagne en faveur de la déclaration électronique

Les signatures numériques font de la déclaration d'impôts un processus simple et sûr. La signature numérique est un mécanisme mis au point par la DIAN pour permettre aux contribuables de signer leur déclaration d'impôt en ligne et de renseigner leur dossier en toute sécurité. Elle est désormais obligatoire pour toutes les grandes entreprises. Cet outil renforce le civisme fiscal en facilitant au maximum le processus de déclaration : il n'est plus nécessaire d'imprimer des formulaires à signer ou de se rendre à la banque.

La DIAN a lancé une campagne d'information pour expliquer aux entreprises contribuables tout le parti qu'elles peuvent tirer de la signature numérique et comment l'utiliser. Elle a notamment signalé à tous les nouveaux clients qu'ils peuvent remplir leur déclaration électronique en utilisant la signature numérique, et leur a expliqué qu'ils doivent préalablement s'enregistrer pour obtenir un Numéro d'identification fiscale avant de déposer une demande de signature numérique.

Les objectifs spécifiques de la campagne étaient les suivants :

- Accroître le civisme fiscal en persuadant les usagers que les outils numériques sont sûrs
- Enseigner aux gens comment payer leurs impôts
- Approfondir les connaissances des citoyens en matière fiscale.

Le Mécanisme de la signature numérique vise à toucher le plus grand nombre possible de contribuables :

- Ceux que la DIAN classe parmi les contribuables de la tranche supérieure
- Les notaires publics
- Les consortiums et les entreprises communes (*joint ventures*)
- Les intermédiaires sur le marché des changes
- Les concessionnaires de services postaux qui proposent des services financiers
- Les détenteurs de comptes courants de règlement qui sont tenus de communiquer à la DIAN toute information liée à des opérations de change et à un éventuel endettement en devises étrangères
- Les contribuables qui choisissent la facturation électronique
- Les agents de la DIAN qui sont tenus de remplir une déclaration
- Les contribuables autorisés à gérer des opérations de jeux de hasard et d'argent qui leur sont confiées par des entités publiques sur l'ensemble du territoire national
- Les contribuables tenus de remplir des déclarations individuelles consolidées de prix de transfert
- Les représentants, les contrôleurs fiscaux et les comptables de contribuables tenus de remplir les déclarations électroniques comme indiqué ci-dessus.

La campagne a consisté en activités de communication de masse au moyen de médias à très fort impact : la presse et les chaînes de radio nationales, régionales et locales, ainsi que les médias sociaux tels que Facebook et Twitter. Les contribuables enregistrés qui sont tenus d'utiliser la signature numérique ont aussi été directement contactés par textos, par téléphone, par lettres et par messages électroniques.

Un questionnaire diffusé dans la presse écrite et sur le site internet de la DIAN a permis aux contribuables de déterminer s'ils devaient ou non remplir leur déclaration en ligne. Des guides techniques ont été mis à la disposition des usagers pour leur expliquer comment remplir leurs déclarations, communiquer des informations par voie électronique et utiliser la signature numérique.

La DIAN a mobilisé quatre employés pour coordonner la campagne à l'échelle nationale, mais 550 personnes (500 agents du Département du service à la clientèle dans tout le pays, dont 150 au niveau central et 150 au centre d'appels) ont participé à l'application du mécanisme de signature numérique, au développement des technologies et à l'assistance à la clientèle. Il a fallu former le personnel aux nouvelles procédures fiscales. Cette formation ne s'est pas limitée aux seuls agents de l'administration fiscale ; elle a été conduite conjointement avec un programme d'éducation de la clientèle. Le coût total de la campagne s'est élevé à 100 millions COP environ (530 000 USD).

Plusieurs autres partenaires ont été associés à la campagne : des départements et des agences du gouvernement, divers médias, des organisations d'entreprises, des chambres de commerce et des représentants de la société civile.

Impacts

- Augmentation du nombre de déclarations électroniques : l'initiative n'a certes donné lieu à aucune évaluation indépendante, mais le nombre de contribuables ayant rempli leur déclaration en ligne a atteint 360 000, bien au-delà de l'objectif de la DIAN fixé à 250 000. Pourtant, à mesure que les contribuables doivent déclarer leurs revenus en ligne, ce succès ne peut s'expliquer que par la seule campagne d'éducation des contribuables. À ce jour, l'initiative a touché 620 000 contribuables environ.
- Renforcement du civisme fiscal volontaire : Si la signature numérique est considérée comme un succès, c'est non seulement parce qu'elle a permis d'élargir la base imposable, mais aussi parce qu'elle a renforcé le degré de respect volontaire des obligations fiscales. Cette initiative a fait la preuve que l'acceptation sociale des impôts par les citoyens joue un rôle capital dans le contrôle de l'évasion fiscale, notamment parce que le nombre de personnes ayant dénoncé des évadés fiscaux auprès de la DIAN a augmenté.
- Approfondissement des connaissances des contribuables en matière fiscale : les compétences requises pour s'acquitter de l'impôt ont nettement progressé, s'agissant en particulier de l'usage du système d'information électronique. Ainsi, le nombre de signatures numériques activées en 2012 – pour la plupart en ligne – était huit fois supérieur à celui de 2011. Cela étant, le sentiment que les citoyens ont l'obligation morale de payer leurs impôts « de leur plein gré » ne s'est pas renforcé autant qu'il avait été souhaité.

La campagne et le nombre élevé de signatures numériques activées en ligne ont démontré aux contribuables que l'administration fiscale s'efforce de simplifier les procédures afin qu'ils évitent de se rendre inutilement en personne au centre des impôts.

Enseignements

La faible « culture informatique » des citoyens a représenté un obstacle de taille. Il a pu être surmonté grâce à l'assistance à la clientèle fournie avec l'aide du ministère des Technologies de l'Information et des Communications. Des guichets en libre-service personnalisé ont ainsi été installés.

Autre problème : la technologie utilisée par la DIAN est dépassée et incompatible avec les logiciels qu'utilisent les entreprises. Les clients se heurtent de ce fait à de graves difficultés : pour respecter la loi, ils sont contraints de conserver un ordinateur obsolète. La DIAN procède actuellement à la mise à jour de tous les profils en ligne et se dote d'un système de validation des technologies de l'information plus léger en recourant aux nouvelles technologies. Ce processus n'aboutira cependant pas avant 2018. De nouvelles options d'enregistrement et d'authentification des signatures sont en cours de développement, notamment un régime simplifié pour les contribuables. De surcroît, le mécanisme de la signature numérique a été étendu à de nouvelles catégories de contribuables.

Encadré 7.2. **La Direction nationale des impôts et des douanes en Colombie (DIAN)**

La DIAN (*Dirección De Impuestos Y Aduanas Nacionales*) a été créée en 1993 en tant qu'unité administrative spéciale. Dotée d'une existence juridique propre, elle jouit de l'autonomie administrative et budgétaire et possède ses propres biens. Elle rend compte au ministère de l'Economie et des Finances. La DIAN est composée d'un Bureau principal, d'une division des impôts, d'une division des douanes, de plusieurs secrétariats et de bureaux et d'agences de consultation et de coordination. Tous rendent compte au Bureau du Directeur général.

Son bureau central, situé dans la capitale, Bogotá, emploie 1 000 personnes. 6 bureaux d'administration régionale sont dotés à l'échelle locale de leurs propres bureaux administratifs délégués, qui sont parfois compétents en matière fiscale et douanière.

Pour plus d'informations :

- Site internet : www.dian.gov.co
- Facebook : www.facebook.com/pages/DIAN-Direcci%C3%B3n-de-Impuestos-y-Aduanas-Nacionales/152427691450232?v=wall
- Twitter : https://twitter.com/#!/DIANColombia

Source : Direction nationale des impôts et des douanes.

Chapitre 8

Costa Rica : Une salle de jeux « mon pays : le tribut que je lui dois »

Direction générale des impôts (DGT)

Ce chapitre présente le programme d'éducation des contribuables du Costa Rica. Il décrit d'abord les objectifs généraux du programme, suivi d'un point sur un élément spécifique, la salle de jeux « Mon pays : le tribut que je lui dois ». Il examine par la suite l'impact et les leçons à tirer de l'initiative, suivie par un aperçu des prochaines étapes.

Le Costa Rica considère l'éducation fiscale comme une question d'intérêt général, preuve de son engagement à créer une culture fiscale positive (encadré 8.1). La Direction générale des impôts (*La Dirección General de Tributación* ou DGT; encadré 8.2) a pour mission principale de favoriser le civisme fiscal et de trouver un juste équilibre entre les devoirs des contribuables, leurs droits et les garanties qui leur sont offertes.

Au cours des dix dernières années, la DGT a, en matière d'éducation fiscale, élaboré une méthode innovante qui privilégie l'information des citoyens concernant le rôle social de l'impôt : un citoyen convaincu est un citoyen qui s'engage à payer ses impôts et qui est attaché au bien public.

Le Costa Rica a profité d'échanges avec El Salvador et l'Argentine pour mettre au point son programme d'éducation et de culture fiscale. Pour mettre au point sa stratégie d'éducation fiscale, le Costa Rica a commencé par constituer un groupe de travail de hauts fonctionnaires sur les questions d'éducation et de culture fiscales. Une demande d'assistance technique et financière a été adressée au programme « Fiscalité » d'EUROsociAL, le Programme de coopération entre l'Union européenne et l'Amérique latine (entre 2005 et 2010). Les membres du groupe Education et culture fiscales ont été formés par l'administration fédérale pour les recettes publiques (AFIP) argentine. Le groupe a rendu visite à l'AFIP ainsi qu'à la section chargée de l'éducation fiscale au sein du ministère des Finances d'El Salvador. Tout cela a conduit le Costa Rica à créer sa propre section de l'éducation des contribuables en 2010. La responsabilité des activités d'éducation des contribuables incombe à la Sous-direction de l'éducation et de la culture fiscales, créée en 2010 au sein de la Direction des services aux contribuables de la DGT.

L'éducation des contribuables au Costa Rica

Les activités principales comprennent notamment :

- La Semaine de l'éducation fiscale, rendez-vous régulier du calendrier scolaire, organisée avec le ministère de l'Education publique
- Formation d'enseignants du primaire et du secondaire, y compris à l'Université nationale, afin d'intégrer l'éducation fiscale dans les programmes scolaires
- Cours sur la culture fiscale dans tous les centres des impôts
- Cours élémentaires de fiscalité pour les étudiants inscrits en comptabilité dans les établissements d'enseignement technique afin de les sensibiliser à leurs responsabilités futures.

Encadré 8.1. **Objectifs de l'éducation des contribuables au Costa Rica**

- Sensibiliser les citoyens à l'importance des impôts pour le pays.
- Informer les citoyens concernant le rôle social de la fiscalité.
- Nouer un lien étroit avec les citoyens.
- Enseigner aux enfants combien il est important de payer ses impôts en lien avec les notions fondamentales de solidarité, de coopération et de responsabilité citoyenne.
- Informer la population étudiante en matière fiscal.

Source : Direction générale des impôts (DGT).

Focus : La salle de jeux dite « Mon pays : le tribut que je lui dois »

La salle de jeux dite « Mon pays : le tribut que je lui dois » est un espace captivant et ludique où les enfants sa familiarisent avec l'importance de la fiscalité. Inaugurée en 2010, elle fait partie de l'une des principales attractions pour enfants dans le pays : le *Museo de los Niños*, situé dans la capitale, San José. Cette vaste salle de 120 mètres carrés comprend 18 jeux interactifs sur des questions fiscales. Trois thèmes différents sont abordés :

1. Une initiation à la fiscalité : histoire et origines des principaux impôts
2. L'Assemblée législative (l'un des trois pouvoirs de la République) : où et comment le budget national est approuvé et réparti
3. L'investissement fiscal et le rôle des autorités douanières.

Encadré 8.2. **Exemples de jeux et d'expositions**

« Le ministère des Finances » comprend un jeu vidéo intitulé « Déclarations d'impôt », où le joueur remplit une déclaration d'impôt sur le revenu en fournissant des informations de base dans un cadre ludique. Le but est que les enfants se familiarisent avec le paiement de l'impôt et le cycle fiscal. Cet espace représente les points de service électronique qui se trouvent dans les centres des impôts

« La Facturita » (boutique « La Facturette ») donne des informations concernant la taxe générale sur les ventes. En feignant de vendre et d'acheter, les enfants se familiarisent avec le fonctionnement de cette taxe : comment distinguer les reçus valables de ceux qui ne le sont pas. On les y encourage aussi à s'habituer à demander une facture.

Dans l'espace dit « Le chemin de l'argent public et l'Assemblée législative », les enfants s'informent sur le budget et sa répartition, ainsi que sur la manière dont les recettes fiscales sont allouées pour satisfaire aux besoins du pays. Ils jouent le rôle du législateur et répartissent les recettes fiscales entre différents domaines tels que l'éducation, la santé et les infrastructures.

« Douanes portuaires et aéroportuaires » est un jeu comportant un portique de sécurité aéroportuaire qui contrôle les bagages afin de vérifier si leur contenu est licite, ainsi qu'un navire porte-conteneurs. Les joueurs doivent repérer les produits interdits tant à l'importation qu'à l'exportation.

Source : Direction générale des impôts (DGT).

Certaines des expositions présentées dans cette salle de jeux sont décrites ci-contre.

La salle et les contenus pédagogiques ont été conçus conjointement par des spécialistes de l'éducation fiscale de l'AFIP (Argentine), le curateur du *Museo de los Niños* et l'équipe nationale d'éducation fiscale.

Le principal objectif de cette salle est d'utiliser des outils ludiques pour familiariser les enfants du Costa Rica avec la fiscalité de telle sorte qu'ils en aient une image positive et qu'ils apprennent :

- La valeur des impôts pour le bien commun du pays
- Ce que sont les impôts et le rôle qu'ils jouent en faveur du progrès
- Le cycle fiscal

- Les principales notions liées à la répartition des ressources publiques dans le cadre du budget national
- L'investissement social consenti par l'État au profit de la société costaricaine.

La salle de jeux peut être visitée librement ou avec un guide du musée qui présente les différentes activités aux visiteurs et répond à leurs questions. Ces guides sont formés par les membres du personnel de la Sous-direction de l'éducation et de la culture fiscales, qui transmettent les informations et les connaissances recueillies lors de leurs séjours en Argentine et en El Salvador. En juin 2013, 21 sessions de formations avaient eu lieu et 223 guides étaient qualifiés. En 2012, pour célébrer le 95e anniversaire de la Direction générale des impôts, une série de visites guidées ont été offertes aux enfants et aux proches des employés de la Direction, ceux-ci partageant leur expérience dans un cadre divertissant tout en expliquant la pertinence des impôts.

Le musée fait sa propre promotion tout au long de l'année et encourage les Costaricains à visiter la salle de jeux, particulièrement à l'occasion de la Journée des enfants, des jours fériés et de son anniversaire. En outre, la Sous-direction de l'éducation et de la culture fiscales organise des campagnes de promotion pour inciter les visiteurs à assister à toutes les manifestations exceptionnelles que le *Museo de los Niños* organise. L'administration fiscale participe en envoyant des messages d'information à ses propres employés et en faisant la promotion de la salle de jeux sur son site internet et sur les médias sociaux. À chaque fois qu'ils se rendent dans des écoles ou qu'ils dispensent des formations d'enseignants, les agents de l'Éducation et de la culture fiscale distribuent des invitations à la salle de jeux.

La conception, la fabrication, l'assemblage et l'entretien initial de la salle ont nécessité qu'un accord de coopération soit conclu entre le ministère des Finances, CEDDET-EUROsociAL Fiscalité et la Fondation *Ayúdenos para Ayudar* (*Museo de los Niños*), qui a réparti les fonctions et les responsabilités des parties impliquées.

En tout, ce projet a mobilisé 24 employés (du ministère des Finances, de l'AFIP (Argentine), du *Museo de los Niños* et d'EUROsociAL Fiscalité). Il a été piloté et coordonné par les agents de la DGT, tandis que le personnel de l'AFIP, les curateurs du Musée et les employés de l'Éducation et de la culture fiscales ont été chargés de concevoir les expositions, les composantes de la salle de jeux et les contenus thématiques qui y sont présentés. Ils ont également contribué à définir les contenus thématiques et pédagogiques de l'ensemble des jeux. Un architecte costaricain a conçu la salle et ses équipements, et une entreprise locale s'est chargée de la conception graphique de la façade et de l'ensemble des composantes et des modules muséographiques présentés dans chacune des sections de la salle de jeux dite « Mon pays : le tribut que je lui dois ».

Les coûts de construction se sont élevés à 32 millions CRC environ (soit 65 000 USD), et 5,5 millions CRC (environ 11 100 USD) sont dépensés chaque année pour la maintenance.

Impacts

Il n'existe pas d'évaluation indépendante de la salle de jeux, mais des milliers d'enfants continuent d'en profiter et de visiter l'exposition (tableau 8.1).

Tableau 8.1. **Nombre et catégorie des personnes qui visitent le *Museo de los Niños,* Costa Rica, 2010-13***

Année	Classe d'âge : moins de 3	Classe d'âge : âgé de 3 à 15	Classe d'âge : adultes	Classe d'âge : personnes âgées	Invités	Autres	Total
2010	3 985	79 399	96 947	1 721	2 920	5 927	190 899
2011	8 745	87 560	118 195	1 906	8 198	7 414	232 018
2012	8 708	85 478	109 726	1 665	2 623	8 502	216 702
2013*	2 962	24 242	34 294	675	1 087	1 171	64 431
Total	24 400	276 679	359 162	5 967	14 828	23 014	704 050

Note: * La période considérée s'arrête en mai 2013.

Source: Données récapitulatives issues des statistiques publiées en mai 2013 par le Département des opérations, Bureau des réservations, Museo de los Niños.

- Sensibilisation : les enfants apprennent en jouant et en se livrant à des expériences dans un cadre adapté. Outre qu'elle renseigne sur la fiscalité et son rôle dans la société, la salle de jeux permet aux enfants d'acquérir des compétences allant de la communication et la collaboration à la créativité et au travail d'équipe. En jouant, les enfants se familiarisent avec les notions liées à l'obligation de payer les impôts. Et les petits ne sont pas les seuls à profiter de cette salle : leurs parents et les personnes qui les accompagnent se familiarisent eux aussi avec les sujets qui y sont abordés.
- Évolution des perceptions : cette initiative permet aux éducateurs, aux enfants et aux jeunes citoyens de comprendre combien il est important de payer ses impôts. La perception qu'ont les éducateurs de la responsabilité citoyenne et du rôle de l'impôt pour le développement de la société a évolué en bien.

Étapes suivantes

Le ministère de l'Éducation publique (MEP) a récemment commencé à s'intéresser à l'éducation fiscale. Il reproduit le concept de salle de jeux dans des écoles en consacrant un espace croissant à l'éducation fiscale dans les programmes d'enseignement primaire et secondaire.

À partir de 2013, tout enseignant ayant été formé dans le cadre de l'initiative pédagogique « 200 Plan », dont ce projet fait partie, sera également chargé d'en faire la promotion. L'effet de dissémination s'en trouvera ainsi accru et l'éducation fiscale touchera un nombre croissant d'éducateurs. Dans le cadre de la réforme des études sociales et civiques, il est en outre proposé de faire de l'éducation fiscale une discipline en sixième année (école primaire).

Encadré 8.3. **La Direction générale des impôts (DGT)**

La DGT (*Dirección General de Tributación*) est placée sous l'autorité du ministère des Finances. Sa mission consiste à « fournir un service de collecte des impôts nationaux tel que requis par l'État, grâce à une gestion performante qui permet et contrôle le respect des obligations fiscales auxquelles sont soumis les contribuables et l'ensemble de la population, en conséquence des lois et règles en vigueur, et à encourager ainsi le développement économique du pays ».

Elle est chargée de collecter et de lever tous les impôts nationaux. Elle emploie 992 fonctionnaires (soit 34 % des effectifs du ministère des Finances). Outre un Bureau de direction, elle est aussi composée de dix centres des impôts répartis sur le territoire.

Pour plus d'informations, consulter :

Le site internet Éducation et culture fiscale: http://educa.hacienda.go.cr:8080/costarica_prod

Source : Direction générale des impôts (DGT).

Chapitre 9

El Salvador : Le diplôme d'éducation fiscale - apprendre aux enseignants à enseigner l'impôt

Direction générale de la fiscalité intérieure

Ce chapitre présente le programme d'éducation des contribuables en El Salvador. Il décrit d'abord les objectifs généraux du programme, suivi d'un point sur un élément spécifique, le diplôme d'éducation fiscale. Il examine par la suite l'impact et les leçons à tirer de l'initiative, suivie par un aperçu des prochaines étapes.

Le niveau des recettes fiscales perçues par El Salvador est l'un des plus faibles de l'Amérique latine (14,3 % en 2009) et bien inférieur à la moyenne régionale (CEPALC, 2012). Le ministère des Finances, par l'intermédiaire de la Direction générale de la fiscalité intérieure (DGII ; encadré 9.1) a entrepris plusieurs activités pour accroître les recettes fiscales. L'une de ses initiatives les plus efficaces a consisté à approuver en 2001 le code des impôts, qui a résulté en une augmentation considérable du produit des impôts intérieurs. Ce code a ensuite été consolidé par plusieurs réformes fiscales et les procédures de supervision et de sanction ont été enrichies et renforcées.

Ce n'est qu'en 2008 que le ministère des Finances a complété ces mesures d'exécution de la loi par une stratégie culturelle visant à modifier l'image des impôts en El Salvador.

C'était l'objectif du Programme Fiscalité EUROsociAL de l'Union européenne, qui a apporté son soutien au Programme d'éducation fiscale en El Salvador lors d'un projet expérimental en 2008-09. C'est alors que les fondations techniques et financières du projet actuel ont été jetées. Le Département de l'éducation fiscale de l'Administration fédérale des recettes publiques (AFIP) argentine, qui participait à ce projet pilote et qui avait déjà dix années d'expérience en matière d'éducation fiscale, est devenu la référence sur laquelle El Salvador s'est appuyé pour bâtir le plan d'action de son programme d'éducation fiscale.

La DGII s'est dotée d'une Section du programme d'éducation fiscale en 2009. Cette section sert aussi d'interface entre le ministère des Finances et le ministère de l'Éducation. Depuis sa création, l'éducation fiscale est devenue l'une des priorités du ministère des Finances et constitue l'une des politiques publiques du programme du Plan quinquennal 2009-2014.

Encadré 9.1. **Direction générale de la fiscalité intérieure (DGII)**

Les principales missions de la DGII consistent à appliquer toutes les lois concernant la fiscalité – y compris les taux et les contributions – pour lesquelles elle est légalement compétente, et à veiller à leur respect. Elle exerce notamment les activités suivantes :

- Assistance aux contribuables, réception et gestion de toutes les déclarations fiscales
- Immatriculation et contrôle des contribuables
- Formulation de résolutions de nature variable.

La DGII emploie 1 100 personnes réparties dans les 80 bureaux urbains et ruraux du ministère des Finances. Elle comporte un directeur général, un directeur général adjoint, un directeur administratif et 26 sections d'emploi ou de conseil, dont la Section de l'éducation fiscale.

Pour plus d'informations :

Site internet : www.mh.gob.sv et www.edufis.mh.gob.sv

Adresse électronique du programme d'éducation fiscale : edufis@mh.gob.sv

Source : Direction générale de la fiscalité intérieure.

L'éducation des contribuables en El Salvador

El Salvador dispose d'une palette extrêmement variée d'activités d'éducation des contribuables. Nombre d'entre elles prennent la forme d'un enseignement, d'autres sont moins formelles.

- Depuis 2009, les questions d'éducation fiscale ont été intégrées aux programmes d'études du ministère de l'Éducation
- Un diplôme d'éducation fiscale est proposé aux enseignants et aux étudiants inscrits dans l'enseignement technique intermédiaire (premier cycle du supérieur)
- Des ateliers d'éducation fiscale sont proposés aux éducateurs des écoles maternelles et élémentaires et dans les collèges d'enseignement général, qui prennent ainsi conscience de l'importance sociale de l'impôt. Il leur est fourni des guides et des outils pédagogiques concernant l'éducation fiscale dans les programmes d'études
- Les étudiants inscrits à l'université et dans les instituts d'enseignement intermédiaire général et technique peuvent assister à des cours et à des forums universitaires sur le rôle social de l'impôt
- Les employés du ministère des Finances peuvent suivre une formation interne sur l'importance sociale de l'impôt et participer aux différentes activités d'éducation fiscale
- Des formations sont proposées aux employés d'autres institutions publiques et privées pour encourager les fonctionnaires et les contribuables du secteur privé à prendre conscience de l'importance sociale de l'impôt
- Les étudiants qui se destinent à devenir fonctionnaires peuvent suivre une formation professionnelle sur le rôle social de l'impôt dans le cadre du programme « Talents humains » du ministère des Finances

Encadré 9.2. **Objectifs de l'éducation des contribuables en El Salvador DGII**

- Ajouter la sensibilisation au contrôle de l'application de la loi taxpayer registration and control
- Faire évoluer l'image des impôts
- Cultiver les valeurs sociales, la citoyenneté et la culture fiscale

Source : Direction générale de la fiscalité intérieure.

Les centres d'activité *RecreHacienda*! et *Exprésate*, créés par la Section du programme d'éducation fiscale, sont des espaces ludiques où des jeux et des activités récréatives permettent aux enfants et aux adolescents de se familiariser avec le rôle social de l'impôt. Dans le cadre du programme *RecreHacienda*! Sous le soleil, les employés de la Section de l'éducation fiscale se rendent dans les centres d'enseignement et organisent des activités collectives sur la culture fiscale. Les agents du ministère des Finances se rendent eux aussi dans les écoles pour proposer des activités ludiques et éducatives.

Des représentations théâtrales sont données pour modifier l'image de l'impôt et en améliorer la connaissance. Signalons également la mise en place de kiosques d'information et la diffusion de bulletins d'éducation fiscale et de fiches d'information.

Focus : Le diplôme d'éducation fiscale

Créé en 2009, le diplôme d'éducation fiscale permet de former les enseignants et les étudiants inscrits en comptabilité et en études commerciales dans les instituts d'enseignement technique intermédiaire (premier cycle du supérieur), à la fois sur place et en ligne. Cette stratégie conjointe des ministères de l'Éducation et des Finances vise à approfondir les connaissances des enseignants exerçant dans les instituts d'enseignement technique intermédiaire. Ils transmettent à leur tour ces acquis à leurs étudiants, mais aussi aux parents, aux proviseurs, à leurs proches et à leurs collègues. Le diplôme d'éducation fiscale comporte un volet technique qui permet aux enseignants d'intégrer les questions fiscales aux disciplines qu'ils enseignent. Il exploite les trois fondements – ou piliers – sur lesquels repose l'éducation fiscale : les valeurs, la citoyenneté et la culture fiscale.

Les enseignants étudient les questions techniques – amendements au code des impôts, évolution de l'impôt sur le revenu et de la taxe sur la valeur ajoutée (TVA) – en huit leçons disponibles sur la plateforme d'apprentissage à distance Moodle, www.edufis.mh.gob.sv. Chaque semaine, les participants doivent lire de nouveaux documents et répondre à un questionnaire, mais aussi contribuer à différents forums et remplir les tâches assignées par le formateur en ligne. Leurs travaux sont notés en fin de semaine.

En 2012, le module correspondant au diplôme d'éducation fiscale a été étendu aux étudiants inscrits dans d'autres centres d'enseignement. Les enseignants de comptabilité et d'études commerciales qui avaient participé au programme et obtenu d'excellentes notes ont été habilités à former les nouveaux participants en ligne.

Le diplôme est le fruit d'un partenariat entre le ministère de l'Éducation et les centres d'enseignement. Le ministère de l'Éducation élabore chaque année un plan opérationnel. Il évalue les documents devant être publiés pour chaque programme de diplôme, met au point les évaluations de chaque cours, supervise les participants et accompagne le personnel du ministère des Finances lors de tous les cours dispensés sur place. Il appartient aux centres d'enseignement d'encourager les enseignants et les étudiants à participer au programme, à contribuer à l'organisation et au déroulement de la Semaine de la culture fiscale (encadré 9.2), et à aider les participants à la formation en ligne à utiliser les ordinateurs.

Plusieurs techniciens apportent en permanence leur assistance aux étudiants diplômés (l'un vient du ministère de l'Éducation, un deuxième du ministère des Finances et quatre autres sont des formateurs à temps partiel). En tout, trois départements du ministère de l'Éducation et cinq du ministère des Finances sont impliqués. Le personnel qui participe au projet suit une formation à l'éducation en ligne et sur place.

Les coûts de personnel s'élèvent à 10 000 USD pour chaque étudiant diplômé suivant les huit cours (valeur moyenne estimée sur la base du temps passé par le personnel technique à assister les étudiants, les opérateurs et le personnel administratif).

Encadré 9.2. La Semaine de la culture fiscale

Cette manifestation a d'abord été conçue pour que les enseignants puissent partager avec leurs étudiants toutes leurs nouvelles connaissances en matière fiscale. Grâce à la participation de l'ensemble de la communauté éducative, y compris les parents d'élèves, la Semaine de la culture fiscale s'appuie sur les trois piliers de l'éducation fiscale (formation aux valeurs, construction de la citoyenneté et culture fiscale) pour expliquer aux contribuables combien il est important de demander des factures d'achat mais aussi de prendre soin des lieux publics, leur enseigner la participation citoyenne et les renseigner sur les rapports officiels de contrôle de l'évasion fiscale ou encore sur la reddition de comptes, etc. Lors de cette activité, des étudiants mènent aussi des actions éducatives sur les réseaux sociaux (Facebook et Twitter, par exemple).

Certains centres d'enseignement organisent des défilés dans les rues avoisinantes, des tombolas où les participants doivent vérifier que les reçus et factures se conforment aux normes officielles, des défilés de mode où les vêtements sont faits de documents liés à la TVA (factures et reçus), des discussions sur la reddition de comptes auprès des autorités municipales, etc. Le volet logistique de ces activités est important et la communauté éducative doit y participer.

L'une des tâches des participants – qui consiste à vérifier les documents (factures et reçus) afin de dissuader toute activité économique informelle – permet de rédiger une moyenne de 1 000 rapports de non-conformité au cours des deux premiers jours de la Semaine de la culture fiscale.

Source : Direction générale de la fiscalité intérieure.

Impacts

Chaque étudiant ayant obtenu le Diplôme d'éducation fiscale est évalué afin que le programme en question puisse être amélioré d'année en année. Chaque cours fait également l'objet de diverses évaluations quantitatives visant à mesurer l'apprentissage et l'attachement des participants à la culture fiscale. C'est la Section de l'éducation fiscale qui effectue ces évaluations, sous la supervision de représentants du ministère de l'Éducation qui évaluent à leur tour les compétences académiques employées dans le cadre du Programme d'enseignement technique intermédiaire (option Études commerciales ou Assistance comptable). En retour, le ministère de l'Éducation recueille les observations des enseignants et des étudiants qui participent au programme.

À ce jour, les principaux résultats obtenus par le programme du Diplôme d'éducation fiscale sont les suivants :

- Formation d'un grand nombre d'enseignants à l'éducation fiscale : 62 enseignants exerçant dans les instituts techniques de comptabilité sont désormais titulaires du Diplôme d'éducation fiscale, soit 70 % des enseignants de cette discipline.
- Un grand nombre d'étudiants sont formés en matière de fiscalité : 150 960 étudiants en commerce ont suivi des cours de fiscalité. Grâce à leurs connaissances à jour en matière fiscale et à leurs compétences entrepreneuriales enrichies, ils pourront désormais offrir des services de meilleure qualité lorsqu'ils entreront sur le marché du travail. S'ils choisissent de créer leur propre entreprise, ils sauront déjà l'essentiel de l'importance qu'il y a pour le progrès du pays à respecter volontairement leurs obligations fiscales.
- Renforcement des liens entre institutions : l'échange de ressources techniques entre les ministères de l'Éducation et des Finances lors de la préparation et de la

mise en œuvre du diplôme a permis d'intégrer l'éducation fiscale dans les programmes scolaires des quatrième, cinquième et sixième années et, depuis 2012, dans les programmes des instituts techniques intermédiaires.

- Évolution des perceptions : le programme d'éducation fiscale a eu un impact considérable sur les citoyens d'El Salvador : il a favorisé l'évolution des comportements grâce à des stratégies éducatives et ludiques destinées aux enfants, aux adolescents, aux étudiants des universités, aux enseignants mais aussi, entre autres, aux fonctionnaires et aux professionnels. Il n'est que d'observer les activités d'éducation fiscale que les participants au programme organisent désormais eux-mêmes pour constater cette évolution des perceptions : l'impact n'en est que plus grand sur l'ensemble des populations du pays. La Semaine de la culture fiscale en est un bon exemple (encadré 9.3).
- Réplication de la méthode dans d'autres disciplines : le fait que de nombreux enseignants d'autres disciplines souhaitent participer au programme du Diplôme d'éducation fiscale est un signe supplémentaire que les perceptions évoluent. Les ministères des Impôts et de l'Éducation y ont vu un encouragement à envisager un projet expérimental de diplôme d'éducation fiscale destiné aux enseignants et aux étudiants d'autres disciplines. Le projet débutera en juillet 2013.

Les efforts du ministère des Finances ont été récompensés en 2011 par le Secrétariat aux affaires stratégiques (Présidence de la République d'El Salvador), qui lui a décerné le premier prix pour son Programme d'éducation fiscale. Le ministère a également été salué pour ses bonnes pratiques par ES-CALIDAD, un prix national qui récompense les organisations publiques et privées pour l'excellence de leur gestion.

Enseignements

Les principaux obstacles au programme ont été les suivants :

- Peu d'effectifs interinstitutionnels pour porter assistance aux candidats au Diplôme d'éducation fiscale sur place et en ligne
- Les participants – enseignants et étudiants – ont rencontré des difficultés d'accès à internet ; pourtant, le taux d'abandon du programme n'a jamais dépassé 10 % pendant la phase des cours en ligne
- L'emploi des outils technologiques de formation a suscité une crainte initiale, qui a pu être surmontée dès le premier cours en ligne
- Le Diplôme d'éducation fiscale suppose que les enseignants et les étudiants consentent des efforts supplémentaires ; il a d'emblée été considéré comme une responsabilité très exigeante. Pourtant, le désir d'apprendre, la méthode employée et la durée du programme ont permis d'atteindre un taux de réussite satisfaisant.

Étapes suivantes

Il est envisagé de procéder à l'avenir aux améliorations suivantes :

- Étendre la couverture du programme aux établissements d'enseignement, aux enseignants et aux étudiants dans différents domaines de spécialisation et à différents niveaux d'études
- Renforcer davantage les processus de communication interministérielle

- Mesurer l'impact du programme et du Diplôme d'éducation fiscale
- Poursuivre l'amélioration du Diplôme d'éducation fiscale à mesure que les besoins et les demandes continuent d'augmenter
- Consolider les plans et programmes d'études, par exemple en introduisant l'éducation fiscale dès la sortie de l'école maternelle.

Référence

CEPALC (Commission économique des Nations Unies pour l'Amérique latine et les Caraïbes) (2012), *Tax Structure and Tax Evasion in Latin America,* CEPALC, Santiago.

Chapitre 10

Estonie : Le programme e-impôts/e-douanes

Bureau estonien des impôts et des douanes (BEID)

Ce chapitre présente le programme d'éducation des contribuables en Estonie. Il décrit d'abord les objectifs généraux du programme, suivi d'un point sur un élément spécifique, le programme e-Impôts/e-Douanes. Il examine par la suite l'impact et les leçons à tirer de l'initiative, suivie par un aperçu des prochaines étapes.

Afin que les contribuables aient pleinement conscience de ce qu'est la collecte des impôts en général, de la manière dont les recettes sont utilisées pour financer les services publics et de ce qu'ils peuvent retirer du paiement de leurs impôts, il est indispensable que le Bureau estonien des impôts et des douanes (BEID ; encadré 10.3) puisse exploiter et promouvoir ses activités. La collecte et le paiement des impôts ont toujours été des activités impopulaires. Dès lors, les autorités fiscales doivent parvenir à faire évoluer les comportements en fournissant des services d'excellence et en communiquant de manière équitable et directe (encadré 10.1).

L'Estonie est l'un des pays les plus « connectés » au monde pour ce qui est de l'accès à internet et de son utilisation. Le BEID illustre cette situation, comme en témoigne la manière dont il sensibilise les contribuables.

L'éducation des contribuables en Estonie

Le BEID n'est pas doté d'une section distincte en matière d'éducation des contribuables. Différents départements y contribuent dans leurs domaines de compétence respectifs.

Encadré 10.1. **Objectifs de l'éducation des contribuables en Estonie**

- Expliquer aux contribuables la manière dont les impôts sont collectés, leur rôle essentiel pour la prestation des services publics et ce que les contribuables obtiennent en payant leurs impôts.
- Modifier les comportements en fournissant des services d'excellence et en communiquant de manière équitable et directe.

Source : Bureau estonien des impôts et des douanes (BEID).

Le BEID dispose d'une série d'activités, de systèmes et de processus pour aider les contribuables à comprendre et à remplir leurs obligations fiscales et pour faciliter, accélérer et simplifier leurs échanges avec le Bureau. Il propose également des informations et des formations de très bonne qualité en matière fiscale. Pour faciliter les choses, il utilise des moyens de communication innovants, développe les services électroniques et multiplie les options de formation. En voici quelques exemples :

- *Ateliers, séminaires et exposés :* le BEID propose aux contribuables des ateliers et des séminaires de formation gratuits sur des questions fiscales spécifiques. Des ateliers individuels sont proposés pour les questions fiscales plus denses et complexes, tandis que des exposés en ligne (sur Youtube) donnent un aperçu rapide de questions précises. Entre janvier et mai 2013, par exemple, 56 ateliers et séminaires ont eu lieu et 7 exposés en ligne ont été publiés sur le site internet du BEID.
- *Forum de discussions :* le site internet du BEID comporte une page réservée aux forums de discussions. Le public peut poser des questions sur la fiscalité et le BEID y apporte des réponses et des observations.
- *Campagnes :* des affiches et des brochures sont abondamment diffusées auprès de la population pour informer les contribuables sur telle et telle question fiscale. Le cas échéant, des publicités sont également diffusées à la radio et à la télévision.

En règle générale, les affiches et les brochures sont rédigées en estonien et en russe, de sorte que l'information puisse être comprise par le plus grand nombre.

- *Médias sociaux :* le BEID a une page Facebook et un compte Twitter grâce auxquels ils transmet rapidement les informations aux contribuables.
- *Éducation individualisée dans les Bureaux de service :* l'Estonie compte 16 Bureaux de service (centres des impôts) répartis sur l'ensemble de son territoire. Les agents de ces Bureaux montrent aux contribuables qui s'y rendent comment accéder aux informations nécessaires et aux services en ligne. Cette éducation individualisée permet aux contribuables d'accéder aux services en ligne et leur évite d'avoir à se déplacer de nouveau en cas de besoin.
- L'information des contribuables dans les médias, par des bulletins d'information et par voie électronique permet de les sensibiliser et les aide à remplir plus aisément leurs obligations fiscales. Le BEID accorde une importance particulière aux partenariats et à la coopération mutuelle avec les contribuables, et s'appuie pour ce faire sur des systèmes d'information performants qui fournissent rapidement des renseignements utiles.

La promotion des activités du BEID se fait non seulement dans les médias, mais aussi grâce à d'autres institutions nationales ou municipales, dont la Chambre estonienne de commerce et d'industrie, l'Association estonienne des petites et moyennes entreprises et l'Association des contribuables, ainsi que lors de manifestations et de salons locaux.

Focus : L'initiative e-impôts/e-douanes

Tous les services du BEID sont désormais disponibles sur son site internet e-impôts/e-douanes (encadré 10.3). L'accès à ce système est gratuit et ouvert à l'ensemble du public. Ce portail a été lancé en 2000 pour permettre aux contribuables et à l'administration fiscale d'échanger des informations en toute sécurité. Aujourd'hui, le système propose une trentaine de services électroniques aux contribuables particuliers et 70 services aux entreprises (encadré 10.2). Ainsi, les déclarations et avis douaniers peuvent être déposés par voie électronique et les contribuables peuvent suivre en temps réel leur comptabilité fiscale, leur passif et leurs paiements, de même qu'ils peuvent communiquer avec le BEID en toute sécurité.

Encadré 10.2. Utiliser les technologies pour faciliter la vie des contribuables et celle des fonctionnaires

- Les entreprises peuvent accéder au site du BEID (www.emta.ee/eparingud) depuis un téléphone ou tout autre appareil intelligent pour consulter des informations fiscales telles que leur passif, leur numéro d'immatriculation à la taxe sur la valeur ajoutée (TVA) estonienne et le numéro personnel de référence qui leur sert à effectuer des paiements. À l'avenir, cette possibilité sera encore enrichie de sorte que le BEID pourra transmettre des messages par messages courts (SMS) aux contribuables.
- Les nouveaux systèmes et procédés de communication rendent les échanges avec les contribuables plus performants. C'est ainsi que chaque Bureau de service du BEID est désormais équipé d'un visiophone Skype et qu'un système de gestion de la relation client enregistre tous les échanges qui ont lieu en personne, par téléphone ou par courrier électronique avec les contribuables. Les informations ainsi obtenues servent à analyser les motifs de ces échanges afin d'améliorer les produits et les services dans leur ensemble, mais aussi à conserver des informations importantes concernant des

contribuables individuels pour mieux communiquer (langue et canal de communication, par exemple).

- En règle générale, chaque contribuable ne dispose dans le système du BEID que d'un seul compte de paiement anticipé et d'un seul numéro de référence. Cela facilite le paiement de l'impôt par les contribuables, et ce quel que soit le type d'impôt ou la date limite de paiement.

Source : Bureau estonien des impôts et des douanes (BEID).

Le BEID améliore sans cesse les services fournis dans le cadre du programme e-impôts/e-douanes. Depuis mai 2013, chaque utilisateur peut générer en ligne et sans peine son propre certificat d'absence d'arriérés ou son relevé de compte, et peut aussi, à l'aide d'un tampon numérique, valider le certificat et le transmettre avec valeur de document officiel par courrier électronique.

Graphique 10.1. **Diminution du nombre de contribuables utilisant les Bureaux de service en Estonie**

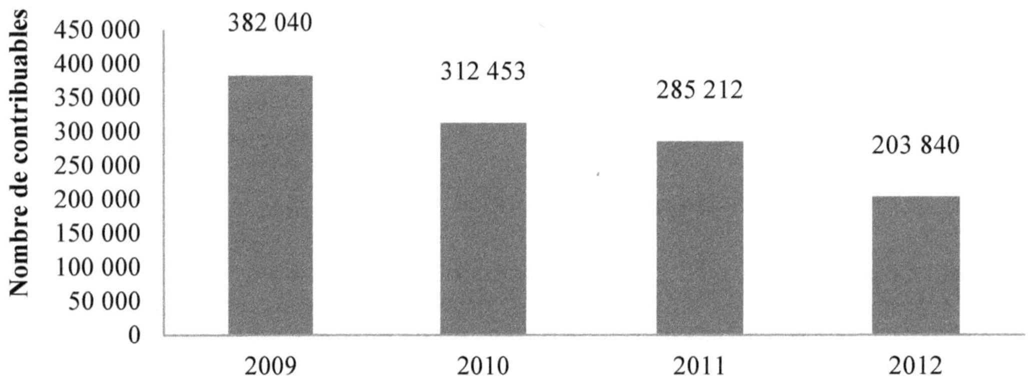

Source : Bureau estonien des impôts et des douanes (BEID).

À partir de juin 2013, le dispositif e-impôts/e-douanes a été relié à un nouveau système interne appelé IRIS (d'après la déesse messagère de la mythologie grecque). IRIS notifie les contribuables lorsque la date limite de déclaration des revenus approche ou lorsqu'un paiement est dû, par des courriers électroniques et des messages courts (SMS) envoyés automatiquement. Les contribuables peuvent alors se connecter sur e-impôts/e-douanes pour consulter les notifications et compléter leurs déclarations ou effectuer les paiements requis.

Auparavant, les entreprises ne pouvaient accéder aux services e-impôts/e-douanes qu'après avoir signé physiquement un contrat dans un Bureau de service du BEID. Désormais, les contrats peuvent être conclus par voie électronique par un représentant de l'entreprise et il est possible d'accorder aux employés de l'entreprise en question un accès limité à certains services e-impôts/e-douanes.

Les nouveaux services électroniques sont présentés aussi clairement que possible aux contribuables, compte tenu du fait qu'ils sont déjà familiers de l'interface e-impôts/e-douanes (qui existe depuis 13 ans). C'est ainsi qu'IRIS a été lancée par un communiqué de presse informant les contribuables qu'un nouveau système était instauré afin de simplifier les formalités fiscales.

Les employés du BEID sont formés de manière continue, y compris sur des sujets précis comme les nouveaux systèmes électroniques dont IRIS fait partie. Le personnel a aussi participé très activement à la phase expérimentale du système.

En tout, 73 employés travaillent sur le système e-impôts/e-douanes : 12 au Département de service, 53 au Département des impôts et 8 au Département des recettes.

Impacts

Les efforts consentis par le BEID pour simplifier le paiement de l'impôt ont fait progresser une série d'indicateurs :

- Augmentation du taux de satisfaction des contribuables
- Augmentation du nombre de clients qui utilisent des canaux de libre-service en ligne
- Diminution du nombre de contribuables se rendant en personne dans les Bureaux de service (Graphique 10.1)
- Augmentation du taux de civisme fiscal
- Diminution du montant de la dette fiscale.

Enseignements

Le BEID se prépare à améliorer ses systèmes encore davantage. Il projette notamment de simplifier la langue employée dans les actes administratifs, les notifications et d'autres textes, de proposer un canal de libre-service en ligne et à jour (compatible avec les téléphones portables et d'autres appareils intelligents), et d'amplifier l'usage des documents électroniques.

Encadré 10.3. **Le Bureau estonien des impôts et des douanes (BEID)**

Le BEID a pour mission de collecter les recettes fiscales de l'État, de protéger la société et l'économie estoniennes et d'améliorer le climat des affaires.

Les 1 545 employés du BEID, répartis en 16 Bureaux de service et 10 points de passage aux frontières, remplissent leur mission en :

- Simplifiant et en accélérant les démarches nécessaires au respect des obligations fiscales – la qualité du service fourni est constamment améliorée grâce à l'usage croissant de canaux innovants de communication avec les contribuables
- Fournissant aux clients des informations en temps voulu – de nouveaux moyens d'informer les contribuables sont élaborés dans une langue simple et aisément compréhensible
- Accélérant et en améliorant les processus de service – en remplaçant le travail manuel de routine par la collecte et l'analyse rapide des données.

Pour plus d'informations :

Site internet : www.emta.ee

Site internet e-impôt/e-douanes : www.emta.ee/index.php?id=29761

Source : Bureau estonien des impôts et des douanes (BEID).

Chapitre 11

Guatemala : « La force est dans les nombres »

Superintendance de l'administration fiscale

Ce chapitre présente le programme d'éducation des contribuables du Guatemala. Il décrit d'abord les objectifs généraux du programme, suivi d'un point sur un élément spécifique, « la force est dans les nombres ». Il examine par la suite l'impact et les leçons à tirer de l'initiative, suivie par un aperçu des prochaines étapes.

Au Guatemala, l'éducation fiscale vise à favoriser des valeurs constructives et un comportement positif à l'égard de la contribution fiscale des citoyens. Elle part du principe que la meilleure manière de porter ses fruits est que la dépense publique soit bien gérée, efficiente, rationnelle et transparente. Elle est faite d'activités inclusives et participatives – une approche culturellement adaptée au contexte social qui prévaut au Guatemala.

Le Programme permanent d'éducation fiscale (PPEF) du Guatemala sensibilise la population à l'importance que revêt l'impôt pour le progrès économique et social du pays. Créé en 2005 par la Superintendance de l'administration fiscale (*La Superintendencia de Administración Tributaria* ou SAT ; encadré 11.3), ce programme a pour but d'encourager le respect volontaire des obligations fiscales.

Enseigner l'importance de l'impôt fait partie d'un vaste processus de construction d'une citoyenneté vertueuse. Le programme est conduit en collaboration étroite avec d'autres institutions également concernées par la formation civique, les droits des enfants et des adolescents, l'enseignement des valeurs civiques et la promotion d'une citoyenneté responsable en général (encadré 11.1).

L'éducation des contribuables au Guatemala

Depuis 2007, l'éducation des contribuables au Guatemala relève du Département de la culture fiscale. Le programme est dirigé par un coordinateur qui réunit les trois domaines d'action du Département : éducation, information et promotion. Chacun d'entre eux est piloté par l'un des trois conseillers spécialisés, lesquels sont assistés d'employés à plein temps et à temps partiel.

Encadré 11.1. **Objectifs de l'éducation des contribuables au Guatemala**

- Expliquer pourquoi il est important de payer ses impôts dans l'intérêt du progrès économique et social du pays.
- Prôner les valeurs et les comportements qui sont cohérents avec l'essor d'une culture fiscale.
- Faire de la culture fiscale l'un des principaux piliers de la modernisation et du développement du pays.

Source : Superintendance de l'administration fiscale.

La culture fiscale étant devenue une discipline à part entière dans le Programme élémentaire national (CNB), le programme d'éducation fiscale est particulièrement actif dans les écoles, où il fournit des outils pédagogiques tels que des manuels scolaires et des jeux de société aux élèves des classes primaires, mais aussi des didacticiels audiovisuels et des guides pédagogiques pour l'enseignement élémentaire. Des séminaires sur les questions fiscales sont également organisés pour les futurs bacheliers. Ces activités sont conduites avec le soutien du programme « Avoir les meilleures notes en culture fiscale », qui vise à ce que l'ensemble des écoles des municipalités ciblées tirent le meilleur parti des actions et des outils mis en œuvre en matière de culture fiscale.

D'autres projets éducatifs complètent le dispositif : un programme de formation en langue maya pour les populations rurales et un cours d'examen fiscal en ligne pour les spécialistes de la comptabilité.

Les principales activités de promotion sont les suivantes :

- Loteries fiscales (visant à sensibiliser au paiement de la TVA ; il faut déposer des reçus officiels pour remporter un prix)
- Festivals culturels citoyens, comme par exemple « La force est dans les nombres » (voir ci-dessous)
- Un programme visant à favoriser l'émergence d'une culture du respect des règles douanières
- Le projet Municipio Cabal.

Encadré 11.2. ***Projet « Municipio Cabal »***

Avec son projet « Municipio Cabal », la SAT s'associe aux autorités locales de l'ensemble du pays pour promouvoir le civisme fiscal à l'échelle locale. Pour ce faire, une action conjointe est menée pour renforcer la transparence et le sens des responsabilités des autorités tout en encourageant la participation sociale et le respect de l'éthique de la part des citoyens.

Pour plus d'informations, consulter :
http://eurosocialfiscal.org/uploads/media/Otra/folleto_SAT.pdf (en espagnol).

Source : Superintendance de l'administration fiscale.

Outre qu'il consiste à produire et à diffuser de très nombreux produits d'information fiscale, de formation et de sensibilisation, le programme investit aussi massivement dans les médias : plusieurs publications de presse écrite, publicités sur les chaînes de radio nationales et locales, émissions télévisées. Il dispose aussi d'un site internet et est présent sur les réseaux sociaux.

Une autre de ses initiatives consiste en la production de « séries télévisées fiscales » qui racontent l'histoire fictive de Simón – un citoyen honnête et entreprenant, un contribuable loyal et dévoué à sa famille et à son pays. Ces séries sont diffusées à la télévision et sur YouTube, ainsi que lors d'activités ouvertes au public.

Le programme repose sur une collaboration étroite avec les ministères de l'Éducation, des Finances et des Municipalités, l'Association nationale des municipalités, l'*Instituto de Fomento Municipal*, l'Agence allemande de coopération et de développement (GIZ), le *Proyecto Educativo Pantaleón*, *International Plan*, le *Centro Educativo Benito Juárez*, le *Colegio Naleb'* et *Share Guatemala*.

Focus : « La force est dans les nombres » : un festival de culture citoyenne

« La force est dans les nombres » est un festival organisé chaque année par la SAT afin de promouvoir une culture fiscale positive et citoyenne parmi plusieurs partenaires et groupes cibles. La première édition s'est tenue en avril 2008. Le nom a été conservé pour les quatre éditions qui ont eu lieu depuis. Les premières éditions s'étaient déroulées dans la capitale, Guatemala City, tandis que les plus récentes se sont tenues dans les villes de Quetzaltenango et de Cobán.

Ces festivals de culture citoyenne ont une valeur sociale évidente : il s'y tient de nombreuses manifestations artistiques et culturelles, notamment pendant les cérémonies d'ouverture et de clôture, et les talents d'artiste y sont mis en valeur. De nombreuses familles ont participé à la journée de clôture du premier festival en visitant les expositions organisées dans le quartier du *Sector Cuatro Grados Norte* de Guatemala City. La deuxième édition s'est achevée par un concert, et les cérémonies de clôture des troisième et quatrième éditions ont été l'occasion d'organiser des célébrations publiques sur les places principales des villes hôtes.

Les enfants sont l'un des groupes cibles du programme. De nombreuses activités organisées pendant les festivals sont donc conçues pour eux. En voici quelques exemples :

- Les cérémonies d'ouverture
- L'œuvre audiovisuelle intitulée « El Hacedor de Lluvia » (Le faiseur de pluie), une antique légende maya qui illustre l'importance de la contribution des individus au bien commun
- Des visites guidées dans le cadre du programme éducatif intitulé « Apprends à connaître ta ville »
- La première de la série télévisée *Micos y Pericos*, où des marionnettes abordent des questions fiscales et civiques devant les enfants
- Le « Rassemblement des bons citoyens », où les organisations participantes installent des aires de jeux pour y enseigner la culture fiscale et la citoyenneté par le divertissement, en couvrant des sujets tels que la protection de l'environnement, le code de la route, les droits des enfants, les droits des consommateurs et l'importance de l'épargne
- Un petit-déjeuner de travail au Palais national en présence de membres du gouvernement et de hauts fonctionnaires
- « Superintendant et intendants [fonctionnaires] pour une journée » : les enfants partagent une journée de travail avec le Superintendant et cinq responsables de la SAT
- « Exemples du talent artistique de nos enfants » au Théâtre municipal de Quetzaltenango en présence de plusieurs compagnies d'artistes.

D'autres activités du festival sont conçues pour faire participer les adolescents, qui constituent un autre groupe cible du programme :

- Un concert de clôture sur le thème « La force est dans les nombres » auquel participent des milliers d'adolescents
- Une cérémonie de récompenses et un spectacle musical
- Un tournoi de football en salle dans les installations sportives de Quetzaltenango
- Une « Contribution murale » sur la façade principale du *Centro de Estudios Tributarios* (SAT) à Guatemala City, peinte par des centaines de jeunes étudiants diplômés

- Le concours de talents étudiants qui s'est tenu à Quetzaltenango avec des groupes de jeunes artistes et en présence d'un public jeune et nombreux
- Une exposition à Cobán intitulée « Exemples du talent artistique de nos adolescents »
- « Atteindre son propre Everest », une conférence donnée par l'alpiniste Andrea Cardona qui a inspiré les adolescents.

Outre les écoles, les universités et les centres de recherche ont eux aussi participé aux festivals de culture citoyenne. Parmi les principaux événements, citons une présentation de la version numérique d'une étude conduite par l'*Instituto Centroamericano de Estudios Fiscales* (ICEFI) intitulée « Histoire de la fiscalité au Guatemala », et plusieurs forums sur des sujets allant de « Rôle de la presse dans la formation à la citoyenneté » et de « Citoyenneté et identité nationale » à « Rôle de la fiscalité dans le renforcement des communes » et « Psychologie de la fiscalité ».

Les festivals ont mobilisé une équipe de huit à dix personnes sur place ainsi que six travailleurs locaux. D'autres membres du personnel de la SAT – de tous niveaux hiérarchiques – y ont également participé. Le Coordinateur de la culture fiscale était responsable du projet, y compris de son organisation d'ensemble et des relations entre institutions. Les responsables de l'éducation, de l'information et de la promotion ont organisé des activités spécifiques à leur domaine de compétence et le directeur adjoint s'est chargé des questions administratives et financières.

La plupart des événements ont été organisés conjointement avec d'autres institutions, qui ont aussi mis des moyens humains et financiers à disposition. D'autres activités – l'organisation du concert et du spectacle, par exemple, ou encore la formation à la citoyenneté – ont été externalisées et confiées à des prestataires qualifiés.

Chaque festival a coûté un montant moyen de 75 000 USD, l'essentiel allant à la communication et à la promotion. Le recours à des prestataires extérieurs a coûté en moyenne 25 000 USD par festival. Les contributions de tierces parties ont été de nature variable : location de locaux, soutien logistique, transport et restauration des groupes scolaires, annonces et transferts, parrainage des enfants participant aux manifestations de l'activité « Superintendant et intendants pour une journée ».

Impacts

Cette initiative n'a pas été formellement évaluée ni mesurée, mais elle est parvenue à atteindre son objectif, qui consistait à favoriser la prise de conscience par la population des questions fiscales. Le tableau 11.1 indique quelle a été la participation aux différents événements tenus au fil des ans. Les nombres plus faibles constatés en 2010 et 2011 s'expliquent par la migration du festival de la capitale, Guatemala City, vers deux centres régionaux plus petits, Quetzaltenango et Cobán.

Tableau 11.1. **Participation aux festivals de culture citoyenne au Guatemala, 2008-10**

	Nombre de participants				
Année	Événements institutionnels et académiques	Événements pour les enfants	Événements pour les adolescents	Événements pour toutes les classes d'âge	Total
2008	850	4 300	2 800	3 500	11 450
2009	475	3 100	1 700	2 000	7 275

2010	550	2 600	2 400	1 500	7 050
2011	450	2 600	1 600	1 000	5 650
Total	2 325	12 600	8 500	8 000	31 425

Source: Culture fiscale, SAT.

Ces festivals ont permis à la SAT de donner une image renouvelée et positive, non seulement à tous ceux qui ont directement participé aux événements mais aussi, grâce à une couverture médiatique importante, à l'ensemble de l'opinion. Diana Freire, directrice du *Centro de Estudios Tributarios*, estime que les festivals ont particulièrement bien réussi à rapprocher l'administration fiscale de la société, des adolescents et des familles guatémaltèques en général. Elle note qu'en plus de favoriser une prise de conscience en matière fiscale, ces activités « ont touché jusqu'aux émotions des participants, laissant derrière elles un sillage bien plus durable que tout autre programme de formation sur le terrain ».

Enseignements

Obtenir un appui politique de haut niveau permet d'accroître la visibilité des événements et de renforcer la portée des messages. Les festivals ont été ouverts par le Président, le Vice-président et le ministre des Finances, respectivement. Une telle représentation attire d'autres intervenants de poids, comme par exemple un ancien maire de Bogotá et candidat à la présidence de la Colombie, le Rapporteur spécial des Nations Unies sur la promotion et la protection du droit à la liberté d'opinion et d'expression, le Secrétaire exécutif du Centre interaméricain des administrations fiscales (CIAT) et l'Ambassadeur du Mexique au Guatemala.

Les festivals de culture citoyenne ont fait la preuve que de nouvelles formes de coopération avec d'autres organisations – y compris des entreprises privées et le monde universitaire – peuvent être précieuses pour favoriser une citoyenneté vertueuse.

Il faut maintenant que l'administration fiscale tire le meilleur parti de ces occasions en exploitant par exemple le potentiel de ces nouvelles relations entre institutions et en évaluant de manière exhaustive l'impact des festivals sur les catégories ciblées. L'installation permanente d'aires à la fois éducatives et récréatives est tout à fait pertinente, car elle permet à la SAT de gérer les besoins d'information et de formation des étudiants et des enseignants en matière fiscale. De même, les visites de formation proposées aux citoyens ouvrent un chemin fertile à la SAT et à ses organisations partenaires. À l'avenir, il pourrait être utile d'envisager un programme éducatif conjoint pour plusieurs institutions afin, éventuellement, de créer un centre d'expositions permanent qui couvrirait toutes les questions fiscales : impôts, douanes, commerce extérieur, sécurité sociale, banque centrale et supervision financière.

Encadré 11.3. La Superintendance de l'administration fiscale

La Superintendance de l'administration fiscale (SAT) a été créée le 21 février 1998 par décret d'État. Son but est d'administrer la fiscalité et les douanes d'une manière à la fois moderne, efficiente et efficace en accroissant durablement les recettes fiscales avec honnêteté et transparence.

La SAT est une institution décentralisée dotée d'une entière autonomie fonctionnelle, économique, financière, technique et administrative. Elle emploie un total de 4 000 agents et couvre les 4 régions et les 22 départements du Guatemala. Son siège se trouve à Guatemala City.

Pour plus d'informations :

Site internet : www.sat.gob.gt

Site internet de la Culture fiscale : http://portal.sat.gob.gt/ct/portal

Adresse électronique de l'éducation des contribuables : culturatributaria@sat.gob.gt

Source : Superintendance de l'administration fiscale.

Chapitre 12

Jamaïque : STEP - Le programme d'éducation des contribuables à l'école

Administration fiscale jamaïcaine

Ce chapitre présente le programme d'éducation des contribuables de la Jamaïque. Il décrit d'abord les objectifs généraux du programme, suivi d'un point sur un élément spécifique, le Programme d'éducation fiscale à l'école (STEP). Il examine par la suite l'impact et les leçons à tirer de l'initiative, suivie par un aperçu des prochaines étapes.

L'administration fiscale de la Jamaïque (Tax Administration Jamaica ou TAJ ; voir encadré 12.3) a été créée en 2011 par la fusion de l'ancien Département des recettes intérieures, du Département du contrôle fiscal et du contrôle des contribuables et du Département des services de l'administration fiscale. Cette réforme a permis de répondre à un besoin urgent : le recentrage et la restructuration du programme d'éducation fiscale de la Jamaïque. Aujourd'hui, des équipes éducatives sont présentes dans les sept principales régions et couvrent l'île tout entière.

L'éducation des contribuables en Jamaïque

La TAJ dispose d'un éventail complet de stratégies de communication et de relations publiques qui ciblent de larges catégories représentatives de la population, qu'il s'agisse des étudiants ou des personnes âgées, des commerçants du secteur informel ou des associations professionnelles, des contribuables particuliers et des entreprises ainsi que des secteurs de l'immobilier, de l'automobile et de la religion.

Encadré 12.1. **Objectifs de l'éducation des contribuables en Jamaïque**

- Améliorer et promouvoir le respect volontaire des obligations fiscales en matière d'immatriculation, de déclaration et de paiement de l'impôt.
- Promouvoir une image plus positive de l'impôt en approfondissant les connaissances en matière fiscale et, du même coup, en augmentant le nombre de citoyens contribuables.
- Bâtir une culture du civisme fiscal dans la jeunesse.
- Expliquer aux citoyens comment payer leurs impôts.
- Leur expliquer pourquoi payer leurs impôts.
- Leur donner les moyens de participer aux débats sur l'emploi des recettes fiscales.

Source : Administration fiscale jamaïcaine

Pour atteindre ses objectifs (encadré 12.1), le programme repose largement sur sa présence médiatique, tant sur les plateformes traditionnelles que dans les nouveaux médias. Les publicités et les dépêches sont principalement diffusées sur les chaînes de radio nationales et locales, à la télévision et dans la presse écrite. La publicité connaît un pic lors des principales échéances de l'année fiscale ou lors du lancement de nouvelles mesures et de nouveaux services. En temps normal, plusieurs chaînes de radio diffusent des feuilletons dans lesquels sont prodigués des conseils en matière de fiscalité, et un journal national bien connu leur fait écho dans une rubrique hebdomadaire et une autre mensuelle. S'agissant des médias écrits, il existe aussi des brochures, des tracts, des affiches et des fascicules.

Les médias non traditionnels tels que les médias sociaux (Facebook et Twitter), le site internet de la TAJ, la publicité en ligne et les écrans numériques dans les centres des impôts sont utilisés plus couramment pour toucher un public jeune et mieux au fait des technologies, en Jamaïque comme à l'étranger. Leur caractère dynamique et interactif permet de publier des informations à jour dans un grand nombre de domaines liés à la fiscalité, mais aussi d'accéder au Portail fiscal de la Jamaïque (Jamaica Tax Portal) sur lequel les contribuables peuvent déclarer leurs revenus et payer leurs impôts. Le site internet de la TAJ comporte également un lien vers Twitter. Son adresse URL est accessible par des liens directs postés sur les sites d'autres institutions ou d'associations professionnelles comme l'incontournable Institut jamaïcain des experts-comptables (Institute of Chartered Accountants of Jamaica).

Séminaires et ateliers, manifestations locales et culturelles, concours, récompenses et expositions sont autant d'outils qui servent à sensibiliser l'opinion, tandis que le Programme d'éducation fiscale à l'école (School's Taxpayer Education Programme, ou STEP), plus spécialisé, cible les établissements d'enseignement supérieur ainsi que les écoles secondaires et élémentaires. Toutes ces activités sont facilitées par les équipes d'éducation des contribuables dans les centres de services fiscaux (les principaux centres des impôts). Il existe aussi un centre d'assistance : il s'agit d'un service centralisé et gratuit grâce auquel le public peut obtenir des informations et des conseils concernant tout une palette de questions fiscales et de services. Le centre d'assistance propose aussi un service d'appel gratuit aux clients pour leur rappeler les dates d'échéance et faire connaître les différents services disponibles.

Globalement, la TAJ a parfaitement réussi à solliciter d'autres institutions et organisations et à conclure des partenariats avec elles, et son succès lui a permis de concevoir, d'exécuter et d'amplifier ses programmes afin de répondre aux besoins des différents acteurs concernés. Pour ce qui concerne le public, ses partenaires sont des ministères et agences gouvernementales, des écoles et des universités. La TAJ a également noué une relation étroite avec les médias par l'intermédiaire d'un porte-parole qui participe régulièrement à des entretiens en public et à des émissions de débat. Elle a également conclu des partenariats avec la société civile, des organisations professionnelles, l'Institut jamaïcain des experts-comptables, l'Organisation caribéenne des administrateurs fiscaux et la Jamaica Business Development Company.

Focus : Le programme d'éducation fiscale à l'école

L'idée du Programme d'éducation fiscale à l'école (Schools Taxpayer Education Programme, STEP) est née dans les années 1990 à l'initiative de l'ancien Département de l'impôt sur le revenu. Il s'agissait de favoriser une culture du civisme fiscal et de souligner à quoi sert de payer l'impôt. Le programme a d'abord été lancé à une échelle modeste, un seul agent étant chargé d'assister les élèves des écoles secondaires (de la dixième à la douzième classe), en privilégiant l'impôt sur le revenu.

Au fil des ans, le programme a été étendu aux étudiants du cycle tertiaire et à tous les types d'impôt. À partir du début des années 2000, il a été conduit par deux départements de l'administration fiscale. Hélas, son extension ultérieure a été entravée par les contraintes pesant sur les moyens humains et financiers.

Suite à la création de la TAJ en 2011, le programme a été reconfiguré, étendu et relancé en 2012, en privilégiant davantage le civisme fiscal. Il a été convenu qu'il était important de ne pas s'adresser qu'aux établissements d'enseignement secondaire et tertiaire, mais aussi d'introduire STEP à l'école primaire. La nouvelle mouture du programme a permis de familiariser les étudiants avec les droits que les lois jamaïcaines garantissent aux contribuables et les devoirs qu'elles leur imposent, mais aussi les avantages que procure le paiement des impôts (surtout dans la vie active et le monde des affaires). Ce faisant, le programme vise à ce que les étudiants influencent positivement les comportements de leurs parents et tuteurs ainsi que des autres adultes de leur entourage.

STEP a fait des jeunes Jamaïcains des agents du changement en approfondissant les connaissances de la population en matière fiscale et en bâtissant un avenir dans lequel le paiement de l'impôt sera considéré comme un devoir civique vital. À l'école primaire, l'objectif est de susciter un engouement d'ordre général envers l'impôt. Le programme vise également à ce que les élèves de la troisième à la sixième classe comprennent comment les biens et les services sont financés par le gouvernement, et à leur expliquer pourquoi il est important que chacun contribue au paiement de l'impôt.

Dans l'enseignement secondaire et tertiaire, l'objectif principal est d'armer et de préparer les étudiants pour leur entrée dans la vie active, et de les familiariser avec les différentes possibilités de carrière qu'offre la TAJ.

STEP combine plusieurs techniques et plusieurs canaux médiatiques pour toucher un vaste ensemble transversal d'écoles et d'étudiants, en utilisant les médias traditionnels, sociaux et numériques pour interagir avec les élèves de tous niveaux et atteindre une génération plus jeune et férue de nouvelles technologies. Le programme repose aussi sur une coopération avec le ministère de l'Éducation pour que les écoles qui y participent soient officiellement averties des compétitions qu'organise la TAJ (encadré 12.2).

Encadré 12.2. **Concours dans les écoles**

Un concours de dissertation a lieu deux fois par an sous les auspices de STEP. Il coïncide avec le concours régional organisé par l'Organisation caribéenne des administrateurs fiscaux (COTA). Les élèves du secondaire sont invités à effectuer des recherches et à écrire une dissertation sur des questions fiscales précises, avec une récompense à la clef.

Source : Administration fiscale jamaïcaine

STEP a plusieurs facettes et peut s'adapter à chaque groupe cible en modifiant ses méthodes d'enseignement selon l'âge et la classe des élèves. À l'école primaire, l'approche est plutôt interactive : elle repose sur un livret-puzzle créé pour l'occasion et un court-métrage intitulé « Pourquoi l'impôt ? ». D'autres méthodes permettent aux étudiants de laisser libre cours à leur créativité : ils sont par exemple encouragés à composer leurs propres poèmes et thèmes musicaux autour de l'impôt.

Dans l'enseignement secondaire et tertiaire, des exposés sur PowerPoint aident les élèves à rester pleinement impliqués. Ils portent principalement sur le rôle de l'administration fiscale, sur les différents types d'impôts et sur leur caractère indispensable, et s'appuient sur des études de cas et des travaux en groupe. Les publications telles que la brochure intitulée « Jeunes déscolarisés » sont diffusées comme documents de référence que les étudiants peuvent rapporter chez eux. Des salons d'orientation professionnelle et des séminaires à grande échelle sont également organisés, surtout dans les écoles secondaires, pour sensibiliser un nombre important d'étudiants aux principes qui régissent l'impôt et aux possibilités de carrière dans le domaine fiscal.

La promotion du programme prend la forme de publicités diffusées à la radio nationale, sur les médias sociaux et dans la presse écrite. Il en est aussi fait état dans la presse étudiante nationale. Le ministère de l'Éducation envoie directement des messages aux établissements scolaires et met en outre sur son site internet un formulaire d'inscription à STEP, qui permet aux établissements scolaires de s'inscrire pour inviter des personnes ressource et mettre en œuvre le programme.

En règle générale, ce programme est dispensé par les équipes d'éducation fiscale dans le système scolaire formel. La TAJ a également conclu de précieux partenariats qui ont considérablement étendu la portée de STEP.

Ainsi, elle a récemment noué un partenariat avec Junior Achievement Jamaica (JAJ) et avec le ministère de l'Éducation afin d'amplifier STEP pour toucher davantage d'étudiants dans un cadre structuré. JAJ a d'ores et déjà mis sur pied un programme pour l'école primaire : le partenariat entre la TAJ et JAJ a donc permis à STEP d'être disponible dans le cycle primaire à travers l'île tout entière depuis septembre 2012.

Dans le secondaire, le partenariat entre la TAJ et JAJ a permis au programme de s'étendre de telle sorte que les étudiants qui s'intéressent aux affaires peuvent directement solliciter la TAJ. En 2013, la TAJ a participé au webinaire et à la conférence organisés par JAJ, où des élèves de plus de 30 établissements étaient présents. La TAJ a pu échanger et partager des informations avec eux ; certains d'entre eux ont saisi l'occasion pour déposer une demande de numéro d'immatriculation fiscale et ont reçu des conseils concernant la fiscalité des affaires.

Ces dernières années, un partenariat a été conclu avec l'une des principales chaînes de radio, Radio Jamaica. Son feuilleton intitulé « L'école est finie » consiste en émissions spéciales provenant de différents établissements scolaires. En y participant, la TAJ a pu expliquer la fiscalité à un public bien plus nombreux que les seuls élèves des établissements dans lesquels se déroulait l'émission, puisqu'elle a touché des milliers d'autres étudiants qui écoutaient le programme à la radio.

Un partenariat conclu avec Jamaica Business Development Corporation, une agence gouvernementale, contribue à renforcer STEP dans l'enseignement tertiaire en permettant l'interaction avec de jeunes étudiants qui se spécialisent dans la gestion d'entreprise. Grâce à cet accord, des entrepreneurs potentiels, peut-être même de futurs dirigeants économiques, se familiarisent avec les principes qui font une entreprise citoyenne et un contribuable responsable. Ils font l'expérience concrète de l'application de certains principes fiscaux, qui s'agissent de l'immatriculation fiscale, de la déclaration de revenus ou du paiement de l'impôt, ou encore des droits et des devoirs du contribuable.

Recrutement et coûts du programme

Cette initiative mobilise un total de 24 employés qui sont répartis en équipes de trois ou quatre personnes dans chacun des sept bureaux régionaux. Les membres de l'équipe TAJ reçoivent une formation avant chaque phase d'extension du programme.

Un budget spécifique est consacré aux initiatives d'éducation et de services aux contribuables, au sein duquel des fonds sont fléchés vers STEP. Leur montant est limité et ils servent principalement à financer l'impression de brochures, de livrets d'activités et de crayons portant le sigle TAJ. La numérisation des documents et l'utilisation de tableaux de présentation en carton mousse sur lesquels il est possible d'effacer et de réécrire ont permis de réaliser quelques économies. Les coûts de publicité sont négligeables. La recherche de méthodes de promotion à bas coût doit permettre de maintenir les dépenses à un niveau minimal.

Impacts

Le programme n'a pas fait l'objet d'une évaluation externe, mais le nombre d'établissements scolaires et d'étudiants qu'il touche témoigne de son succès.

- Le programme touche un nombre croissant de jeunes. Entre le 1er avril 2012 et le 31 mars 2013, 123 écoles ont été visitées pour un total de 11 166 élèves concernés. Du 1er avril au 31 mai 2013, le programme avait déjà donné lieu à des visites dans 26 écoles, soit un groupe cible de 2 024 élèves.
- Une prise de conscience croissante. La prise de conscience des futurs contribuables progresse, de même que progressent leurs connaissances. Un nombre croissant d'étudiants postulent pour travailler à la TAJ et faire partie d'un mouvement visant à influencer le monde des affaires. Le programme étant désormais mieux connu, les établissements scolaires qui invitent des équipes d'éducation fiscale à leur rendre visite et à s'exprimer devant leurs élèves sont de plus en plus nombreux.
- Des comportements plus positifs. Cette catégorie de population a adopté une attitude plus saine et plus positive. L'impression générale est que le gouvernement dépense le produit des impôts avec sagesse et que l'administration fiscale traite les contribuables d'une manière équitable et transparente. Les élèves comprennent désormais mieux en quoi l'action de la TAJ sert l'intérêt du pays et pourquoi il est important de payer ses impôts.
- Un plus grand civisme fiscal. Globalement, le civisme fiscal de cette catégorie a quelque peu progressé ces cinq dernières années et – à un degré bien plus élevé – la conscience de l'obligation morale que constitue le paiement « volontaire » des impôts s'est beaucoup renforcée.

La TAJ a reçu les félicitations orales de proviseurs d'établissements ainsi que des présidents de Junior Achievement Jamaica et du président directeur général de la Jamaica Business Development Corporation. De surcroît, lors de la conférence de l'Organisation caribéenne des administrateurs fiscaux en 2012, il lui a été demandé de partager son modèle de communication et d'éducation des contribuables avec ses partenaires caribéens.

Enseignements

Le succès du programme STEP repose avant tout sur l'existence d'une équipe spécialement chargée de l'éducation des contribuables. Les partenariats ont aussi joué un rôle crucial en permettant à STEP d'étendre considérablement la portée de son action.

Le principal obstacle tient au manque de fonds disponibles pour imprimer les publications. Avec un financement plus important, le programme pourrait imprimer davantage de publications et faire réaliser des films promotionnels et pédagogiques par des professionnels. L'idée serait de les offrir aux étudiants qui font preuve du plus vif intérêt et de la plus grande créativité au cours des sessions.

Étapes suivantes

Parmi les idées visant à amplifier le programme, l'une d'entre elles consiste à organiser un concours de thèmes musicaux autour de l'impôt. Le thème gagnant pourrait ensuite être enregistré par des professionnels. L'impact serait encore plus grand si le ministère de l'Éducation pouvait être impliqué afin d'intégrer les questions fiscales dans les programmes scolaires des cycles primaire et secondaire. Elles feraient partie intégrante des programmes d'études en sciences sociales et en éducation civique.

Encadré 12.3. Tax Administration Jamaica

Tax Administration Jamaica, l'administration fiscale jamaïcaine, a été créée le 1er avril 2011 par la loi (amendement) de 2011 sur l'administration des recettes. Son principal objectif est de favoriser le respect volontaire des obligations fiscales, de collecter les recettes de manière équitable et efficiente, de contribuer à rendre le climat des affaires compétitif et de faciliter la croissance et le développement économiques. Ce programme est mis en œuvre par environ 2 500 employés répartis dans 30 centres des recettes et centres des impôts.

La TAJ, principal organe de l'administration fiscale, n'est pas seulement chargée de faire appliquer les lois et règlements fiscaux ; elle offre aussi des services de gestion de patrimoine aux centres des impôts et aux centres des recettes. Elle délivre également les permis de conduire et gère le registre des véhicules à moteur.

Pour plus d'informations :

Site internet : www.jamaicatax.gov.jm

Adresse électronique : taxhelp@taj.gov.jm

Source : Administration fiscale jamaïcaine

Chapitre 13

Kenya : Le programme de sensibilisation en milieu scolaire

Autorité des recettes publiques du Kenya (KRA)

Ce chapitre présente le programme d'éducation des contribuables du Kenya. Il décrit d'abord les objectifs généraux du programme, suivi d'un point sur un élément spécifique, le programme de sensibilisation en milieu scolaire. Il examine par la suite l'impact et les leçons à tirer de l'initiative, suivie par un aperçu des prochaines étapes.

L'Autorité des recettes publiques du Kenya (Kenya Revenue Authority ou KRA, voir encadré 13.2) est une agence publique qui exerce ses activités comme le ferait une entreprise privée efficiente et performante. Pour offrir de meilleurs services à guichet unique aux contribuables, la KRA est divisée en cinq régions (Vallée du Rift, Ouest, Sud, Nord et Centre).

L'éducation des contribuables au Kenya

Consciente qu'il est nécessaire d'éduquer les contribuables actuels et potentiels, l'Autorité des recettes publiques du Kenya (KRA) a créé une section spécialement consacrée à cette activité en 2005 : la Section de l'éducation des contribuables (Taxpayer Education Unit, ou TEU). La TEU est l'une des quatre principales sections de la chaîne de services administratifs aux plus gros contribuables. Elle emploie trois agents à temps plein et peut compter sur l'appui d'agents venus d'autres sections en cas de besoin (encadré 13.1).

Encadré 13.1. Objectifs de l'éducation des contribuables au Kenya

- Promouvoir une culture de la connaissance, de la participation et du respect de la fiscalité chez les citoyens kenyans.
- Expliquer pourquoi et comment les impôts doivent être payés.
- Approfondir les connaissances en matière fiscale.
- Donner aux citoyens les moyens de participer aux débats sur l'emploi des recettes fiscales.

Source : Autorité des recettes publiques du Kenya (KRA).

En matière fiscale, les principaux messages empruntent les canaux suivants :

- La télévision nationale, mais uniquement pour quelques activités et sur certaines questions, compte tenu des coûts élevés que cela engendre
- Les chaînes diffusées en langues locales – qui touchent un large public et permettent d'optimiser les coûts
- La presse écrite nationale et régionale
- Les services fiscaux itinérants et les visites qu'effectuent les agents de la KRA dans les institutions et les services publics hors des centres urbains, afin d'atteindre les contribuables qui résident dans des zones dépourvues de centres des impôts
- Des séminaires et des ateliers, des concours et des prix ainsi que des manifestations culturelles et locales à l'intention des contribuables actuels et potentiels – étudiants inscrits dans des établissements d'enseignement supérieur ou encore lycéens
- Large diffusion de brochures, de livrets et de dépliants en anglais et dans la langue locale, le kiswahili

- La KRA collabore avec les médias (pour la diffusion de publicités et d'actualités), d'autres institutions publiques (le ministère de l'Éducation, en particulier) et des organisations professionnelles telles que l'Association kenyane des industries manufacturières (*Kenya Association of Manufacturers*), *l'United Business Association*, l'Association kenyane des transitaires et assimilés (*Kenya International Freight Forwarders Association*) ou encore la Chambre nationale de commerce et d'industrie (*Kenya National Chamber of Commerce and Industry*).

Focus : Le programme de sensibilisation en milieu scolaire (*Schools Outreach Programme*)

En 2012, la TEU a lancé un programme à long terme de sensibilisation en milieu scolaire. Son objectif est de promouvoir le civisme fiscal auprès des futurs contribuables. Les élèves étudient l'histoire et les origines de la fiscalité, ainsi que son importance pour l'économie et la vie quotidienne. *In fine*, le but est d'en faire des « ambassadeurs » de la fiscalité.

L'un des volets essentiels de ce programme consiste à créer des clubs fiscaux dans les écoles, où les élèves peuvent débattre de questions fiscales. La TEU crée ces clubs et leur apporte son soutien en distribuant des guides d'animation et en organisant des activités régionales et nationales auxquelles ils sont invités à participer.

En 2013, ils devraient avoir pu participer à une compétition nationale organisée par la TEU. Elle aurait dû avoir lieu en fin d'année et sera entièrement financée par la KRA, sans soutien extérieur. Elle consistera en un débat entre plusieurs clubs scolaires sur des questions fiscales. Un jury composé d'enseignants et de spécialistes de la fiscalité devait sélectionner les lauréats.

Par ailleurs, la TEU effectue des visites dans les écoles et propose aux élèves de brèves conférences sur la fiscalité. Des séminaires sont organisés pour les enseignants afin d'approfondir leurs connaissances en matière fiscale. La TEU produit et diffuse des documents d'information et de promotion.

Ce programme emploie vingt agents – pas à plein temps, cependant ; quatre d'entre eux exercent au niveau national, dix au niveau régional et six au niveau local. Étant donné l'ampleur et la portée du projet, ce nombre était insuffisant. D'autres agents de sections voisines ont donc été mobilisés pour déployer le programme.

La formation du personnel dure deux jours : elle leur donne un aperçu du système fiscal du Kenya, de ses avantages et de l'importance du civisme fiscal. Le renforcement des capacités des bureaux régionaux permet aux autres agents d'appliquer le programme au nom de la KRA.

Le coût total du projet pour 2013-2014 s'est élevé à 20 millions KES (soit 231 000 USD). Il va de soi que des fonds supplémentaires seraient les bienvenus, car aucun financement extérieur n'a été apporté au projet.

Impact

Des enquêtes de satisfaction effectuées à la sortie des conférences auprès des étudiants, des enseignants et des administrations scolaires ont produit des résultats positifs. Cela étant, dans la mesure où le programme commence à cibler les futurs contribuables et qu'il se situe dans une perspective de long terme, il est encore impossible de mesurer son impact sur le respect des obligations fiscales.

- Sensibilisation des contribuables. À ce jour, le programme de sensibilisation en milieu scolaire a touché plus de 25 000 élèves et 400 enseignants. Il en est résulté une meilleure connaissance de la fiscalité dans les catégories ciblées, ainsi qu'une conscience plus ferme de l'obligation morale qu'ont les contribuables de payer leur impôt volontairement.
- Évolution des attitudes. Les questions fiscales ont en quelque sorte été démystifiées et les participants ont adopté une attitude plus positive à leur égard. A une ignorance générale en matière fiscale se sont substituées une reconnaissance positive et même une appréciation des avantages de l'impôt et du civisme fiscal. L'impression que l'administration fiscale traite les contribuables de manière équitable et transparente s'en est trouvée renforcée. Toutefois, le sentiment que l'État dépense l'argent du contribuable avec discernement n'a que légèrement progressé, de même que l'idée selon laquelle la charge globale de l'impôt est équitablement répartie entre les contribuables.
- Une demande croissante. Les enquêtes réalisées après les conférences montrent que les élèves, les enseignants et les administrations scolaires se satisfont de l'initiative, demandent davantage d'informations et souhaitent que soient organisées des activités de suivi.

Enseignements

L'insuffisance des moyens humains et financiers est le principal obstacle auquel s'est heurté le programme. Seuls deux agents sont chargés du programme de sensibilisation, et encore ont-ils également d'autres responsabilités au sein de la TEU. Un tel sous-effectif représente un handicap majeur, car le nombre de concepteurs de programmes et de formateurs est nettement insuffisant. Le financement du programme de sensibilisation provient du modeste budget de la TEU. Même si des financements complémentaires ont été recherchés, la faiblesse du budget alloué empêche toujours un programme d'être mis en œuvre dans les conditions souhaitées. C'est pourquoi il est indispensable de trouver de nouveaux partenaires, internes et externes. Les procédures de recrutement interne ont contribué à résoudre une partie de ces problèmes.

Au Kenya, ce programme répond à une demande forte. Plusieurs pistes de développement ont été imaginées : la formation des enseignants, par exemple, pourrait être étendue de sorte que soit créé un réseau « d'agents du changement ». Un portail ouvert en ligne pourrait servir de plateforme de ressources pour les enseignants et les élèves, et améliorerait grandement l'efficacité du projet.

D'autres idées visant à améliorer les programmes en cours existent : intégrer l'éducation des contribuables dans les programmes scolaires, créer davantage de sections itinérantes des contribuables et élaborer des programmes spécifiques dans les universités et les instituts d'enseignement supérieur.

Encadré 13.2. **L'Autorité des recettes publiques du Kenya (Kenya Revenue Authority, KRA)**

Créée en 1995, la KRA est chargée de collecter les recettes fiscales pour le compte de l'État kenyan. Le ministère des Finances définit les procédures qui régissent l'activité de la KRA. Sa mission consiste à « favoriser le respect de la législation et de la réglementation kenyanes en matière fiscale, commerciale et douanière en faisant la promotion des normes établies dans la Charte des contribuables, et le contrôle responsable de leur application par un personnel extrêmement motivé et compétent ; ce faisant, elle optimise la collecte des recettes fiscales pour un coût le moins élevé possible et dans l'intérêt du bien-être socio-économique des Kenyans ». Sa vision consiste à « être la meilleure Autorité des recettes publiques au monde, respectée pour son professionnalisme, son intégrité et son équité ». Son thème stratégique est le suivant : « Aboutir aux meilleures pratiques internationales d'administration des recettes fiscales en investissant dans une équipe professionnelle et en approfondissant les réformes et la qualité du service fourni afin d'améliorer le civisme fiscal ».

La KRA emploie 4 500 personnes dans 65 bureaux répartis dans l'ensemble du pays. Elle est placée sous l'autorité directe du ministère des Finances.

Pour plus d'informations :

Site internet : www.kra.go.ke

Adresse électronique de l'éducation des contribuables : callcentre@kra.go.ke

Source : Autorité des recettes publiques du Kenya (KRA).

Chapitre 14

Corée : Cours de fiscalité pour les petites entreprises

Service national des impôts

Ce chapitre présente le programme d'éducation des contribuables de la Corée. Il décrit d'abord les objectifs généraux du programme, suivi d'un point sur un élément spécifique, le cours de fiscalité pour les petites entreprises. Il examine par la suite l'impact et les leçons à tirer de l'initiative, suivie par un aperçu des prochaines étapes.

Le Service national des impôts (SNI ; voir encadré 14.3) est le principal organe de l'administration fiscale coréenne. Depuis 2001, il n'a épargné aucun effort pour assurer la cohérence de ses différentes filières de services. Auparavant, elles étaient éparpillées aux quatre coins de l'organisation – depuis les bureaux de district et les bureaux régionaux jusqu'au bureau central –, ce qui empêchait les contribuables d'entretenir un lien suivi avec le SNI. Ajoutée à un niveau d'expertise insuffisant, cette situation a eu pour résultat que la qualité du service fourni était insatisfaisante. De surcroît, certains agents de l'administration fiscale, en particulier dans les bureaux de district, étaient sans cesse dérangés par des appels téléphoniques de personnes souhaitant se renseigner. En 2001, le SNI s'est doté d'un centre d'appels pour répondre à toutes les questions en matière fiscale.

C'est en juillet 2008 que le SNI a lancé un système de gestion intégrée pour mieux répondre aux demandes et aux plaintes : le service fourni s'en est trouvé amélioré. Le SNI a également étendu les fonctions de la Consultation fiscale nationale en créant le Centre de satisfaction clients, qui répond désormais à toutes les questions en matière fiscale.

L'éducation des contribuables en Corée

Le SNI ne dispose pas d'une section spécialement consacrée à l'éducation des contribuables. Les activités d'éducation fiscale sont donc confiées en interne aux agents de l'administration fiscale (encadré 14.1). L'Institut national de formation des agents de l'administration fiscale (NTOTI), qui dépend du SNI, est chargé de renforcer les compétences des agents en question et d'organiser certaines activités, dont le programme d'éducation des contribuables décrit ci-dessous.

Encadré 14.1. **Objectifs de l'éducation des contribuables en Corée**

- Veiller à l'équité et à la justice des pratiques fiscales en dévoilant l'économie souterraine de la Corée.
- Porter assistance aux contribuables et, ce faisant, renforcer le civisme fiscal et les comportements devant l'impôt.
- Préserver l'assise des recettes fiscales.
- Étendre le champ de l'assistance aux contribuables afin de redynamiser l'économie.
- Bâtir une administration transparente et digne de confiance.

Source : Service national des impôts.

Le SNI propose aussi des programmes éducatifs pour aider les contribuables à remplir leurs obligations fiscales et, en la matière, pour encourager la discipline et faire la promotion des mesures adoptées. Ces programmes varient en fonction des besoins et du type de public :

- À la télévision, une émission-débat et une série comique révèlent les difficultés quotidiennes auxquelles se heurtent les employés du SNI pour encourager le civisme fiscal
- Un service de messagerie sur téléphone intelligent permet aux utilisateurs d'ajouter le SNI à leur liste d'amis afin de recevoir des annonces régulières

- Reporters SNS: il s'agit de 30 personnes venues des horizons les plus divers (femmes au foyer, étudiants, employés de bureaux, etc.) qui évoquent les questions fiscales de leur propre point de vue
- Le musée de l'impôt du SNI a été rénové et remodelé afin d'étendre et d'approfondir les connaissances des étudiants en matière fiscale (www.nts.go.kr//museum//main.asp).

Outre sa mission d'éducation de la population, le SNI encourage aussi les contribuables par plusieurs autres initiatives.

Contribuables exemplaires. Le SNI a adopté ce dispositif pour apporter reconnaissance et avantages aux contribuables exemplaires. Il s'applique aussi bien aux entreprises coréennes qu'aux entreprises étrangères qui investissent en Corée. Toute entreprise contribuable qui remplit certaines conditions (encadré 14.2) peut être retenue par le Comité d'évaluation des contribuables exemplaires. Le statut de contribuable exemplaire donne droit aux avantages suivants :

- exemption de garantie lorsque les impôts, dans la limite d'un montant de 500 millions KRW, ne sont pas payés immédiatement
- suspension des contrôles fiscaux pouvant durer jusqu'à trois ans
- réduction du taux d'intérêt sur les emprunts
- réduction des tarifs de billets de train et des frais médicaux pour le contribuable et ses employé(e)s
- accès au guichet VIP lors du passage de la douane aéroportuaire
- stationnement gratuit sur les aires de stationnement publiques.

Encadré 14.2. **Comment devient-on un contribuable exemplaire ?**

Pour être retenues par le Comité d'évaluation des contribuables exemplaires, les entreprises contribuables doivent remplir les conditions suivantes :

- Activité continue depuis plus de cinq années
- Solde fiscal positif pendant trois années consécutives
- Pas de déclaration de données tronquées ou fictives pendant trois années consécutives
- Revenu imposable assez élevé pendant trois années consécutives
- Pas d'impôts non payés ni de retard de paiement (y compris pour les représentants) au cours des trois dernières années
- Contrôle fiscal confirmant l'absence de toute évasion fiscale intentionnelle
- Revenu imposable déclaré en toute honnêteté, en comparaison d'autres contribuables

Source: Rapport annuel 2013 du SNI (en anglais), www.nts.go.kr/eng/nts (consulté le 3 octobre 2013).

Source : Service national des impôts.

Livres électroniques. Le SNI publie des livres électroniques qui couvrent un éventail de questions et de problèmes fiscaux. Ils sont mis en ligne sur le site du SNI, et les agents de l'administration fiscale comme les contribuables peuvent les consulter gratuitement.

La loterie des reçus d'espèces (programme abandonné). La loterie des reçus d'espèces était organisée tous les mois afin d'encourager les travailleurs non-salariés, qui ne bénéficient ni de déductions ni d'avantages fiscaux (les étudiants, par exemple) à demander un reçu de paiement en espèces. Le tirage au sort se déroulait une fois par mois et était retransmis sur une chaîne de télévision nationale. La cinquième place était récompensée par un prix d'un montant de 50 000 KRW (50 USD) ; la première par un prix de 100 millions KRW (100 000 USD).

Littérature pour la jeunesse. En 2008, le SNI a publié *Les impôts pour les adolescents : distinguer le vrai du faux* (*Truths and Myths on Taxes for Teens*). Cet ouvrage destiné aux collèges et lycées de tout le pays aborde des sujets fiscaux d'intérêt et répond à des questions fréquemment posées, comme celle-ci : « Doit-on payer des impôts sur l'argent que nos parents nous donnent pour le Jour de l'an ? »

Focus : Cours de fiscalité pour les entreprises

Le programme d'éducation des contribuables du SNI a été conçu pour aider les particuliers et les petites entreprises à respecter leurs obligations fiscales. Il est mis en œuvre par l'Institut national de formation des agents de l'administration fiscale (NTOTI) et consiste en 20 classes réparties selon les catégories d'impôts. Ouvert à tous, il est aisément accessible. Des manuels complémentaires sont mis à disposition et fournissent des explications claires sur les questions fiscales. Les entreprises sont invitées à suivre les cours dans l'un des six bureaux régionaux selon leur localisation.

Le SNI n'épargne aucun effort pour informer les Coréens (particuliers comme entreprises) établis à l'étranger des différentes options fiscales qui leur sont offertes. Afin que les petites et moyennes entreprises (PME) actives à l'étranger puissent elles aussi bénéficier du soutien du SNI, des conférences sur la réglementation des transactions internationales (ou sur la fiscalité à l'étranger) sont organisées dans les grandes villes (Busan, Daejeon, etc.) où de nombreuses entreprises actives à l'étranger ont leur siège. La division des relations publiques du SNI envoie régulièrement des annonces aux participants par courrier électronique afin de les informer de la date et du lieu des conférences. Pour compléter cet effort, les bureaux régionaux transmettent aux PME ciblées les principales informations relatives à ces manifestations (date, lieu, etc.) par courrier électronique ou par téléphone.

Pour les entreprises et les particuliers coréens établis ou exerçant à l'étranger, les ambassades de Corée organisent des séminaires sur des questions telles que l'imposition des plus-values, l'impôt sur les donations ou encore les comptes ouverts dans des banques extraterritoriales. Les Coréens (particuliers ou représentants d'entreprises imposables) établis aux États-Unis, au Japon et en Chine ont ainsi pu assister à ce type de conférences.

Pour faciliter la tâche des contribuables résidant dans des zones rurales ou isolées, les enseignants du NTOTI donnent des conférences sur la TVA, sur l'impôt sur les sociétés et sur la taxation des plus-values dans les universités locales.

S'agissant des coûts et des effectifs, un projet d'éducation mobilise à lui seul deux ou trois enseignants et une personne supplémentaire en moyenne. Un montant approximatif de 50 millions KRW (50 000 USD) est consacré chaque année à ce programme.

Impacts

Ces cours pour entreprises n'ont pas donné lieu à une évaluation externe mais les efforts déployés pour répondre aux besoins des contribuables, pour améliorer la qualité du programme et pour favoriser les relations publiques ont résulté en une augmentation régulière du nombre de participants et de leur degré de satisfaction (tableau 14.1).

Tableau 14.1. **L'essor du programme d'éducation fiscale en Corée, 2010-12**

	2010	2011	2012	Total
Nombre de classes	42	56	58	156
Nombre de participants	6 151	7 248	8 262	21 651

Source : Service national des impôts.

Au fil de franches discussions avec les participants, le SNI est parvenu à mieux cerner les points qui, en matière fiscale, méritent d'être éclaircis, et a ainsi pu faciliter la tâche des contribuables. Les commentaires fort utiles des contribuables ont en outre été transmis à la direction du SNI, qui pourra en tenir compte dans les mécanismes fiscaux en vigueur.

Encadré 14.3. **Le Service national des impôts (SNI)**

Le SNI est le principal organe fiscal de la Corée. Il emploie plus de 20 000 agents des impôts dans tout le pays, qui se répartissent dans 12 bureaux, six centres des impôts régionaux et 111 centres de district.

Pour plus d'informations :

Site internet : www.nts.go.kr/eng

Adresse de l'éducation fiscale : NTOTI, 1110-17, Gyeongsu-daero, Jangan-gu, Suwon-si, Gyeonggi-do, République de Corée, 440-290 (code postal)

Source : Service national des impôts.

Chapitre 15

Liban : Le calendrier fiscal « le temps des impôts »

Ministère des Finances

Ce chapitre présente le programme d'éducation des contribuables du Liban. Il décrit d'abord les objectifs généraux du programme, suivi d'un point sur un élément spécifique, le calendrier fiscal « Le temps des impôts ». Il examine par la suite l'impact et les leçons à tirer de l'initiative, suivie par un aperçu des prochaines étapes.

Le ministère des Finances du Liban (MdF ; encadré 15.3) accorde une importance particulière à l'élargissement de la base imposable et au renforcement du civisme fiscal. Il a en grande partie consacré ses efforts de réforme à la création d'une administration fiscale moderne et innovante en lançant des services aux contribuables et en favorisant une culture fiscale qui, auparavant, faisaient presque entièrement défaut au Liban. Par culture fiscale, on entend ici les moyens habituels d'information des contribuables, les méthodes de diffusion des actualités et des publications en matière fiscale et les procédures d'accès aux renseignements et services fiscaux en ligne (encadré 15.1). Le MdF a pris un certain nombre d'initiatives d'information et d'éducation du public afin de favoriser le civisme fiscal volontaire et de renouveler l'image de l'administration.

L'éducation des contribuables au Liban

Le ministère des Finances ne dispose pas d'une section spécialement consacrée à l'éducation des contribuables ; cette tâche est répartie entre les directions et les départements compétents en matière d'impôt sur le revenu, de taxe sur la valeur ajoutée (TVA), de taxe foncière, de droits de douane, etc.

Encadré 15.1. **Objectifs de l'éducation des contribuables au Liban**

- Expliquer aux citoyens comment payer les impôts.
- Augmenter le nombre de citoyens qui paient des impôts.
- Approfondir les connaissances des citoyens en matière fiscale.

Source : Ministère des Finances.

Les activités éducatives sont nombreuses et variées. En voici quelques exemples :

- Pour accompagner la mise en œuvre de nouvelles lois fiscales et de réformes institutionnelles (instauration de la TVA, création du Bureau des gros contribuables et du Département du prélèvement à la source ou encore ratification du Code de procédure fiscale, par exemple), l'administration fiscale organise des conférences, des séminaires et des ateliers ouverts au public, aux groupes professionnels, aux hommes d'affaires et aux associations professionnelles. Ils y trouvent la possibilité d'exprimer leurs points de vue et leurs inquiétudes, mais aussi de mieux comprendre les nouvelles lois et les conditions de leur mise en œuvre et d'obtenir des réponses à leurs questions.
- Plusieurs guides, brochures et autres lettres d'information offrent aux citoyens des informations en matière fiscale. Certains de ces documents ciblent des secteurs particuliers.
- « Jeunes : apprenez à connaître le ministère des Finances » est un programme d'orientation qui dure une journée et qui sert à présenter le rôle et les fonctions du ministère des Finances aux étudiants d'université. Ce programme comprend une formation au système fiscal libanais.
- Le MdF s'est doté d'un centre d'information qui répond aux questions que les contribuables envoient par courrier électronique, ainsi que d'un centre d'appels ouvert en permanence. Les utilisateurs de téléphones portables peuvent aussi

télécharger gratuitement une application qui les informe des dates limite de dépôt des déclarations de revenus et de paiement des impôts, ainsi que du montant de l'impôt dû et de diverses mises à jour.

- Le site internet du MdF a été remodelé et transformé en portail en ligne, afin d'offrir aux usagers un accès rapide et aisé à des informations, des actualités, des publications, des annonces et des services électroniques en matière économique, financière et fiscale. En outre, un blog couvrant les activités des programmes de jumelage de l'Union européenne est accessible sur le site internet.
- De vastes campagnes médiatiques ont été lancées pour informer les contribuables du lancement récent de nouveaux services. En voici quelques exemples : 1. Campagnes de promotion sur les chaînes de télévision libanaises pour présenter les nouveaux services de LibanPost (permettant de payer la taxe sur le foncier bâti) ; 2. Panneaux publicitaires et campagnes à la radio pour présenter le centre d'appels ; 3. Distribution de brochures trilingues via les grands journaux et magazines afin de promouvoir les nouveaux services et projets ; et 4. Une campagne a récemment été lancée à la télévision, sur les panneaux d'affichage publicitaire, par pancartes et par messages courts (SMS) pour que les clients prennent conscience qu'il est essentiel de demander une facture à chaque achat qu'ils font, afin de dissuader les acteurs de l'économie informelle.
- L'habillage musical du MdF lui a conféré une identité reconnaissable et l'a placé en pointe du secteur de la publicité. Un groupe de musiciens a composé un thème musical unique et immédiatement reconnaissable pour accompagner les publicités audiovisuelles du MdF. Ce nouveau thème est également utilisé par le centre d'appels et peut être entendu lors de chaque campagne du MdF à la radio et à la télévision.
- Un « Budget des citoyens » vise à renforcer la transparence des dépenses publiques (encadré 15.2).

Encadré 15.2. **Favoriser la transparence et la responsabilité : le Budget des citoyens**

Le MdF collabore avec l'Association libanaise pour la promotion de la transparence (LTA) afin de favoriser la transparence et la responsabilité. Le Budget des citoyens est l'une des initiatives qui en a découlé : il s'agit d'un document non technique qui permet aux citoyens de se renseigner sur les questions relatives aux finances publiques. Il enregistre les principales données concernant les dépenses, les recettes et la dette publiques afin d'approfondir les connaissances des citoyens en la matière. Il sert également aux particuliers et aux organisations de la société civile à contrôler l'efficacité des services publics au regard des fonds qui leur sont alloués. Ce document est élaboré conformément aux bonnes pratiques internationales en matière de transparence du budget de l'État.

Pour plus d'informations, consulter le site internet de l'Association libanaise pour la promotion de la transparence :

Site internet : http://www.transparency-lebanon.org/ (consulté le 4 octobre 2013).

Source : Ministère des Finances.

En 2007, une équipe de travailleurs de terrain qualifiés a mené une enquête parmi les contribuables pour évaluer, d'une part, l'impact des campagnes de sensibilisation du MdF et, de l'autre, le degré de satisfaction à l'égard des services fournis. Le questionnaire a été élaboré par une entreprise active dans la recherche, puis soumis à l'ensemble des acteurs concernés. Les résultats produits par cette enquête ont permis d'améliorer la qualité des services.

Le MdF travaille en lien étroit avec d'autres agences et départements de l'administration, ainsi qu'avec LibanPost (le service postal du Liban) concernant la question du paiement de la taxe sur le foncier bâti. Il travaille aussi avec des organisations professionnelles. Le projet d'assistance technique pour la gestion et la réforme de la fiscalité (Équipe de la réforme fiscale) du Programme des Nations Unies pour le développement (PNUD) est un partenaire incontournable qui travaille avec le MdF à la conception et à l'exécution des réformes, lesquelles consistent notamment à fusionner les directions de la TVA, à introduire la gestion des risques et à harmoniser les activités d'éducation des contribuables.

Focus : « Le temps des impôts », un calendrier de bureau

Chaque année depuis 2006, le MdF diffuse un calendrier annuel intitulé « Le temps des impôts » lors de l'envoi des formulaires de déclaration de TVA. Le but est de sensibiliser les contribuables à leurs droits et à leurs devoirs, et de leur rappeler les principales dates limite de dépôt. Le contenu et l'apparence du calendrier sont revus chaque année. Il a une forme triangulaire qui lui permet de tenir sur un bureau. Une page est consacrée à chacun des mois de l'année : au recto se trouvent des informations sur les déclarations de particuliers qui décrivent la nature des obligations fiscales, rappellent les dates limite de dépôt ainsi que le code de référence du formulaire à utiliser ; le verso renseigne sur les dates limite de dépôt des déclarations. À chaque page, une courte rubrique intitulée « Le saviez-vous ? » fournit diverses informations sur les devoirs, les droits, les pénalités, ainsi que des conseils d'utilisation du site internet du ministère où se trouvent d'autres informations, etc. Aucune recommandation n'est donnée sur la marche à suivre en cas de litige ou d'exception.

Le calendrier des impôts est un outil précieux pour inculquer aux citoyens des connaissances en matière fiscale. Le calendrier des impôts est destiné aux entreprises dont le chiffre d'affaires annuel dépasse 150 millions LBP (100 000 USD). En 2013, il en a été produit et distribué 30 000 copies en langue arabe.

Ce projet a reçu le soutien du PNUD. À l'échelle nationale, il emploie une équipe de dix personnes. Le montant total de son coût s'élève à environ 70 000 USD ; il est entièrement financé par le budget de fonctionnement alloué.

Impacts

L'impact de cette initiative a été mesuré à l'aune du recul du nombre de déclarations soumises en retard.

- Sensibilisation d'un public plus vaste. Chaque année, le calendrier touche environ 30 000 contribuables.
- Amélioration de la phase de déclaration. Le calendrier a aidé les contribuables à respecter les principales dates de dépôt, en particulier concernant la TVA. Il a permis d'accroître le nombre de contribuables et le produit de l'impôt. Dans ces conditions, il peut être considéré comme un succès.
- Évolution positive des perceptions et approfondissement des connaissances en matière fiscale. Le projet a permis de renforcer considérablement le sentiment

qu'ont les citoyens que le paiement « volontaire » de l'impôt est une obligation morale. Il a aussi permis d'approfondir substantiellement leur maîtrise des modes de paiement de l'impôt. Cela s'explique notamment parce que les formulaires sont distribués en même temps que le calendrier des impôts, lequel explique à quel formulaire correspond quelle date limite.

Le projet a également permis de renforcer le sentiment que les autres contribuables paient toute leur part de l'impôt, d'où une amélioration de l'image de l'administration fiscale elle-même.

Enseignements

La mise en œuvre du projet ne s'est heurtée à aucun problème majeur. Il n'est pas prévu d'en étendre la portée, mais d'autres activités connexes d'éducation des contribuables pourraient venir le compléter.

Encadré 15.3. Le ministère des Finances du Liban

La vision du MdF consiste à piloter les réformes économiques entreprises par le gouvernement par des mesures fiscales claires et une saine gestion de la dette publique. L'objectif est de favoriser une croissance économique durable et cohérente avec les priorités nationales, mais aussi de servir d'exemple en matière de transparence et de responsabilité par des pratiques témoignant d'une bonne gouvernance.

Responsabilités:

- Veiller à l'exécution impartiale des obligations légales du ministère
- Développer et préserver un climat économique stable
- Optimiser la structure et la gestion des actifs et du passif de l'État
- Favoriser la stabilité des institutions et des marchés financiers
- Faciliter l'essor de l'économie nationale et du commerce international
- Indiquer clairement dans quelle mesure la dépense publique est conforme aux objectifs et aux priorités de la nation
- Fournir aux employés les compétences et les moyens nécessaires pour bien exercer leurs missions et leur offrir des possibilités de progression et d'avancement
- Faciliter la coopération entre agences publiques (financement)
- Mettre au point et conserver des pratiques de gestion et d'organisation en pointe
- Lutter contre la fraude et la corruption dans les finances publiques et dans le système financier
- Fournir des services pertinents, performants et conviviaux aux clients des secteurs public et privé.

Pour plus d'informations :

- Adresses de sites internet : www.finance.gov.lb; www.finance.gov.lb/ar-LB/taxation/Pages/default.aspx www.customs.gov.lb/customs/about/about.asp?id=2;
- Adresse électronique de l'éducation des contribuables : infocenter@finance.gov.lb

Source : Ministère des Finances.

Chapitre 16

Malaisie : Jeux d'impôts pour les enfants

Bureau des recettes intérieures de Malaisie

Ce chapitre présente le programme d'éducation des contribuables de la Malaisie. Il décrit d'abord les objectifs généraux du programme, suivi d'un point sur un élément spécifique, le jeu d'impôts pour les enfants. Il examine par la suite l'impact et les leçons à tirer de l'initiative, suivie par un aperçu des prochaines étapes.

Fidèle à sa devise « Ensemble nous développons le pays », le Bureau des recettes intérieures de Malaisie (*Inland Revenue Board of Malaysia* ou IRBM ; encadré 16.4) ne cesse d'explorer et d'adopter de nouvelles méthodes pour permettre aux contribuables de remplir plus facilement leurs obligations fiscales et de mieux comprendre le système fiscal. Bras fiscal du gouvernement, l'IRBM collecte les recettes fiscales de manière performante afin qu'elles soient réinvesties dans les infrastructures et dans l'éducation, au bénéfice des générations futures.

La Division de l'éducation des contribuables, qui fait partie du Département des services aux entreprises et est supervisée par l'Administrateur/Directeur général du Bureau, est spécialement chargée de l'éducation des contribuables qu'elle dispense au siège et dans l'ensemble des branches locales. La Division de l'éducation fiscale planifie les programmes d'éducation fiscale et en contrôle le déroulement, prépare les modules éducatifs et les met à jour, forme les formateurs et exerce d'autres activités connexes.

L'éducation des contribuables en Malaisie

L'objectif global du programme malaisien d'éducation fiscale est de favoriser le civisme fiscal des citoyens et de faire définitivement émerger une valeur sociale et culturelle positive reposant sur la conviction que le paiement de l'impôt sert à l'édification de la nation (encadré 16.1).

Encadré 16.1. **Objectifs de l'éducation des contribuables en Malaisie**

- Sensibiliser le public à la législation fiscale.
- Familiariser les contribuables avec leurs droits et leurs devoirs.
- Aider les contribuables à remplir leurs obligations fiscales et les inciter à le faire de leur plein gré.
- Aider les contribuables à déclarer leurs revenus et à calculer le montant de leur impôt.

Source : Bureau des recettes intérieures de Malaisie.

Les programmes d'éducation fiscale sont destinés aux contribuables – particuliers comme entreprises – ainsi qu'aux agents de l'administration fiscale, aux employeurs et aux futurs contribuables. L'IRBM améliore et étend ses services aux contribuables, en conduisant des activités de sensibilisation du public de plusieurs sortes :

- Lancement de services électroniques et de services en ligne pour aider les contribuables à remplir leurs obligations fiscales (encadré 16.2). L'IRBM utilise également les médias sociaux tels que Facebook, Twitter et YouTube pour ses activités éducatives.
- Conférences, séminaires, ateliers et exposés destinés à des publics de tous niveaux : employés, employeurs, entreprises, étudiants en université ou encore lycéens. L'objectif est de réduire au minimum le nombre d'erreurs de calcul de l'impôt et promouvoir l'emploi des services électroniques de l'IRBM (encadré 16.2). En 2011, par exemple, l'IRBM a organisé des séminaires de fiscalité dans 22 sites répartis dans tout le pays.

- Une Section d'assistance aux entreprises, qui aide les propriétaires de petites et de moyennes entreprises, et un Service d'assistance aux commerçants qui propose aux petits et moyens commerces des ateliers sur la tenue de comptes, la préparation de comptes d'entreprise ainsi que le calcul du montant de l'impôt et les méthodes de paiement.
- Des « agents de relations fiscales » bénévoles employés dans les administrations publiques autres que l'IRBM répercutent des informations en matière fiscale à leurs collègues. En 2011, l'IRBM a sélectionné et formé un nombre total de 1 616 « agents de relations fiscales ».
- Les employés de l'IRBM assistent à des séminaires post-budget afin de s'informer des modifications de la législation et des politiques fiscales.
- A l'occasion de salons et de séminaires, des guichets sont installés pour aider les contribuables à résoudre les éventuels problèmes qu'ils rencontrent pour remplir leur déclaration d'impôt sur le revenu, et pour les encourager à utiliser le formulaire de déclaration électronique, plus rapide et plus pratique.
- Des guichets permanents sont installés dans les Centres de transformation urbaine où plusieurs agences gouvernementales sont rassemblées en un seul et même endroit pour faciliter les démarches administratives du public.
- Le Mois du service aux contribuables (*Taxpayers' Service Month*, TSM) a lieu chaque année en avril et en juin. À cette époque, l'IRBM intensifie ses activités de promotion et de publicité à la radio, à la télévision, dans la presse écrite, sur son site internet ou encore via des brochures et autres documents. Pendant le TSM, les guichets de l'IRBM sont ouverts plus longtemps.
- Collaboration avec des praticiens de la fiscalité afin d'informer les contribuables sur des questions spécifiques comme les prix de transfert.

L'IRBM diffuse des annonces et des publicités dans les médias pour améliorer son image, pour sensibiliser le public et pour diffuser des informations sur la fiscalité. Les publicités sont diffusées tout au long de l'année, particulièrement à l'approche de la date limite de dépôt des déclarations de revenus. Des créneaux horaires sont réservés à la radio et à la télévision, de même que des espaces dans la presse écrite locale, afin de sensibiliser le public à l'impôt. De surcroît, l'IRBM parraine une série télévisée intitulée *Small Mission Enterprise*, qui cible les patrons de petites et moyennes entreprises et couvre les questions fiscales (http://malaysiasme.com.my/products/small-mission-enterprise-sitcom).

La Division de l'éducation fiscale et chargée non seulement d'élaborer des modules et des outils pédagogiques pour les activités éducatives, mais aussi de former les formateurs pour qu'ils deviennent Coordinateurs de branche. Ceux-ci assistent à des cours de mise à niveau qui leur permettent de se tenir au courant de l'évolution des procédures et de la législation.

Encadré 16.2. **Le système d'auto-estimation et d'e-déclaration de la Malaisie**

L'IRBM a lancé le système d'auto-estimation (SAE) en 2001 pour les entreprises et en 2004 pour les particuliers. L'objectif est de faciliter le paiement de l'impôt et d'éviter qu'il provoque la frustration. Le système a été amélioré en 2004 avec l'inauguration du système de dépôt en ligne pour une catégorie particulière de contribuables. Aujourd'hui, 11 catégories différentes de contribuables peuvent bénéficier du système de déclaration électronique.

Les services en ligne disponibles sur le portail internet ez-Hasil sont les suivants : e-déclaration, e-paiement, TAeF (déclaration électronique des agents de l'administration fiscale), e-Daftar (e-Registre), e-PCB (pour les prélèvements mensuels à la source), KALKULATORPCB (calcul des déductions fiscales mensuelles), STAMPS (droits de timbre), e-Kemaskini (e-Actualisation), e-Lejar (e-Registre des ventes), e-DATAPRAISI (déclaration de revenus salariés préremplies par l'employeur) et e-SPC (attestation de paiement des impôts).

L'IRBM a encore enrichi son service en ligne en y ajoutant la déclaration mobile en 2012. Ce service permet aux contribuables qui voyagent très souvent de déposer leur déclaration de revenus via leurs appareils de télécommunication

Source : Bureau des recettes intérieures de Malaisie.

Focus : L'impôt par le jeu – camps de loisirs et jeux de rôles pour enfants

L'un des principaux objectifs de l'IRBM vise à sensibiliser les jeunes à l'impôt afin d'en faire des citoyens conscients de leurs obligations fiscales. Il organise à ces fins une série d'activités censée privilégier l'aspect ludique :

- Camps d'éducation fiscale. L'organe de formation de l'IRBM (encadré 16.3) collabore avec le ministère de l'Éducation pour organiser des camps d'éducation fiscale pour les écoliers. Le camp, « Kem Cerdik Cukai », est ouvert aux lycéens de tout le pays. Il vise à inculquer à la jeune génération le sens des responsabilités fiscales. Les jeunes peuvent s'y informer des possibilités de carrière en matière fiscale et participent à des activités en équipe. La première édition s'est déroulée en 2011 ; c'est désormais un événement annuel.

Encadré 16.3. L'Académie malaisienne de la fiscalité

Créée en 1994, l'Académie malaisienne de la fiscalité (*The Malaysian Tax Academy*, MTA) est l'organe de formation de l'IRBM. Sa mission principale est de former toutes les catégories de personnel de l'IRBM en matière de fiscalité, de contrôle fiscal, de domaines techniques spécialisés, de gestion et de communication interpersonnelle. La MTA propose également au public des programmes de formation qui consistent en conférences, séminaires et camps éducatifs. Voici certains des programmes d'éducation fiscale qu'elle a mis en œuvre :

- Conférences nationales sur la fiscalité : il s'agit d'une conférence annuelle destinée aux professionnels des impôts, aux universitaires, aux comptables et aux auditeurs venus du secteur public et privé. Considérée comme l'une des principales manifestations d'éducation fiscale, elle parvient à attirer un public de près de 2 000 participants chaque année.
- Camp d'éducation fiscale pour les étudiants : il est destiné aux lycéens de tout le pays.
- Visites d'étude : la MTA est sollicitée par des universités, des établissements d'enseignement supérieur, des écoles et de nombreux autres organismes pour donner des conférences sur la fiscalité. Ces conférences sont généralement organisées au siège de la MTA et les publics ciblés dépendent de la nature de la demande.

- *Source* : Bureau des recettes intérieures de Malaisie.

- Concours d'éloquence Hasil. Organisé par l'IRBM et le ministère de l'Éducation de la Malaisie, ce concours annuel est ouvert à tous les élèves scolarisés dans les établissements publics ou sous contrat avec l'État.
- Visites du siège et des branches de l'IRBM. Ces visites organisées tout au long de l'année sont ouvertes aux étudiants inscrits dans les établissements d'enseignement supérieur et aux agences extérieures. Elles comprennent notamment un propos liminaire sur l'IRBM et le civisme fiscal, un exposé sur les carrières possibles au sein de l'IRBM et une visite des guichets de service de l'IRBM.
- Des questionnaires Hasil sont diffusés pour évaluer l'effet des informations transmises au cours de l'exposé sur le civisme fiscal.
- Agent des impôts junior. Kidzania® est un centre d'enseignement et de loisirs qui offre aux enfants la possibilité de faire semblant d'exercer différents métiers dans plus de 60 secteurs et services. L'IRBM est la première agence publique à être devenue partenaire officiel de Kidzania® Kuala Lumpur. Le centre des impôts de Kidzania® (Tax Office, Kidzania® Branch) est le nom donné à cet espace officiellement ouvert aux visiteurs le 14 septembre 2013. Les étudiants de 6 à 14 ans peuvent y jouer le rôle d'un agent de l'administration fiscale. Les Agents des impôts juniors regardent des films sur le rôle et la tâche de l'IRBM et sur la manière dont l'État emploie les recettes fiscales. Avec l'aide de superviseurs, ils calculent le montant d'un impôt grâce au système d'impôt électronique et, toujours sous supervision, perçoivent le paiement de l'impôt dû par une entreprise donnée. À la fin de la session, le superviseur les rémunère avec un salaire versé sous la forme de Kidzos, dont une partie est prélevée pour payer l'impôt sur le revenu !

Impacts

- Sensibilisation d'un public plus large. Les conférences et séminaires d'éducation fiscale touchent environ 150 000 contribuables par an.
- Augmentation du nombre de déclarations. Le nombre de déclarations électroniques a augmenté de 8,6 % entre 2012 et 2013 (au 31 octobre).
- Efficacité accrue. L'éducation des contribuables et les services aux clients, en particulier les services électroniques comme la déclaration mobile ou en ligne, ont amélioré l'efficience et la productivité.
- Amélioration de la relation avec les clients. L'IRBM, par les contacts qu'elle noue avec les clients et le public, s'attache en priorité à offrir un plus grand nombre d'options de déclaration aux contribuables, à les simplifier et à en faire la promotion. Les contribuables peuvent faire part de leur sentiment et de leurs commentaires, ce qui aide l'IRBM à améliorer les services qu'il leur offre.
- Sensibilisation de la jeune génération. De 2011 à 2013, plus de 600 élèves ont participé aux camps d'éducation fiscale et s'y sont familiarisé avec le devoir de payer les impôts et leur importance pour le développement du pays.

Encadré 16.4. **Le Bureau des recettes intérieures de Malaisie (*Inland Revenue Board of Malaysia*, IRBM)**

La mission de l'IRBM consiste notamment à :

- Administrer, évaluer, collecter et contrôler le paiement de l'impôt sur le revenu, de la taxe sur les recettes pétrolières, de l'impôt sur les gains immobiliers, de la taxe foncière, des droits de timbre et d'autres taxes selon ce qui est convenu entre le gouvernement et le Bureau
- Conseiller le gouvernement sur les questions fiscales et assurer la liaison avec les ministères et les organes statutaires compétents en matière fiscale
- Participer au débat fiscal en Malaisie et à l'étranger.

Il emploie 11 061 agents répartis dans 19 départements, 36 branches, 17 branches d'investigation, 24 centres de service des recettes et 2 centres de formation.

Pour plus d'informations :

- Site internet : www.hasil.gov.my
- Adresse de l'éducation fiscale : Corporate Services Department, Inland Revenue Board of Malaysia, Menara Hasil Cyberjaya, Persiaran Rimba Permai, Cyber 8, 63000 Cyberjaya, Selangor, Malaisie.

Source : Bureau des recettes intérieures de Malaisie.

Chapitre 17

Maurice : Bâtir une culture du civisme fiscal

Département de la communication et de l'éducation des contribuables

Ce chapitre présente le programme d'éducation des contribuables de Maurice. Il décrit d'abord les objectifs généraux du programme, suivi d'un point sur un élément spécifique, la sensibilisation à l'impôt en milieu scolaire. Il examine par la suite l'impact et les leçons à tirer de l'initiative, suivie par un aperçu des prochaines étapes.

Le système fiscal de Maurice est fondé sur une auto-estimation universelle dont le but est de créer une culture du civisme fiscal. L'une des voies permettant d'y parvenir consiste à susciter une prise de conscience par des initiatives de sensibilisation et d'éducation. De ce point de vue, le Département de la communication et de l'éducation des contribuables (*Taxpayer Education and Communication Department*, TECD) a joué un rôle central en sensibilisant les contribuables grâce à une série de stratégies et de mesures judicieusement conçues. Le TECD est un département à part entière de l'Autorité des recettes de Maurice (MRA, voir encadré 17.2). Il est chargé d'éduquer les contribuables, de leur porter assistance et de leur fournir des informations, mais aussi d'assurer la liaison avec les médias pour exécuter sa stratégie de communication. Comme d'autres sections de la MRA, le TECD a des objectifs à atteindre et ses résultats sont mesurés par des indicateurs de performance.

L'éducation fiscale à Maurice

La stratégie de planification de la MRA tourne autour du thème suivant : « favoriser une culture du civisme fiscal » (encadré 17.1). C'est là l'un de ses objectifs principaux – changer l'état d'esprit et les comportements des contribuables grâce à un programme éducatif bien conçu, de sorte qu'à « l'obligation de payer » se substitue « le souhait de payer ».

Encadré 17.1. **Objectifs de l'éducation des contribuables à Maurice**

- Informer le public concernant toutes les questions fiscales (budget, opérations et systèmes, évolution des lois, des procédures et des processus, déductions et avantages nouveaux).
- Donner aux citoyens tous les moyens possibles pour qu'ils remplissent leurs obligations fiscales de la manière la plus pratique et la moins coûteuse.
- Conseiller les entreprises concernant l'appui budgétaire et les abattements fiscaux qu'autorise le gouvernement.
- Expliquer aux contribuables comment gérer leurs affaires financières et fiscales sans avoir à consulter un professionnel (c'est-à-dire un comptable).
- Lutter contre la corruption et d'autres activités illicites comme l'évasion fiscale, la contrebande et le trafic de drogues.

Source : Département de la communication et de l'éducation des contribuables.

Le rôle du TECD consiste à élever durablement le degré de discipline fiscale et à veiller à ce que tout contribuable soit bien informé et parfaitement conscient de ses devoirs et de ses droits, et qu'il puisse accéder facilement à l'information en matière fiscale. Il s'efforce également de rendre les services offerts aux citoyens et aux entreprises conformes aux normes internationales.

Pour y parvenir, le TECD conduit plusieurs types d'activités. Il est d'ores et déjà prévu que les « conseils consultatifs de la fiscalité » créent un forum de discussion des questions fiscales destinés aux fonctionnaires de la MRA, aux acteurs de l'industrie et du commerce, aux associations de contribuables et aux professionnels. Ces discussions faciliteront la vie des contribuables tout en réduisant les coûts liés aux obligations fiscales ainsi que les coûts d'activité commerciale.

Le TECD est également présent en ligne grâce au Service en ligne d'information des contribuables (TPOS) qui leur donne un accès intégral aux comptes personnels ouverts auprès de la MRA en utilisant un code secret personnel (numéro d'identification personnel). Les membres peuvent non seulement consulter l'état de leur compte, mais ils peuvent également s'informer en temps réel des dernières nouvelles et annonces fiscales. Un système d'affichage électronique permet de diffuser des informations et des annonces d'ordre fiscal. Ces panneaux d'affichage sont actuellement situés à l'entrée de l'immeuble du TECD, mais il est prévu d'en installer trois autres dans des emplacements stratégiques. Le TECD installe aussi dans les lieux publics (hôpitaux, ponts et ouvrages routiers publics) des panneaux portant des messages tels que « Vos impôts au travail » ou encore « Merci de votre contribution à l'édification de la nation ».

D'autres outils multimédia servent aussi à déployer les programmes éducatifs destinés à telle ou telle catégorie cible. Ils prennent la forme de séminaires, d'ateliers, de rencontres, d'exposés Powerpoint, de films, d'affiches, de brochures, de fascicules, de guides, de publications dans la presse et d'émissions de radio et de télévision.

Outre ces activités, le plan stratégique du TECD pour 2012-2015 comprend les projets d'éducation fiscale suivants :

- « Exigez un reçu ou une facture d'achat », un programme de sensibilisation à la TVA qui utilise des affiches, des articles de presse, des émissions de radio et de télévision et le site internet de la MRA pour transmettre les informations utiles.
- Un programme d'information fiscale destiné aux petites et moyennes entreprises, aux femmes, aux auto-entrepreneurs et aux entreprises informelles.
- La Journée nationale des contribuables, qui est l'occasion de fêter les contribuables et d'offrir au public la possibilité de se familiariser avec les services fournis par le TECD. Cette Journée consiste notamment en différentes activités telles qu'un concours national de rédactions dans les écoles.
- Un programme d'éducation fiscale destiné aux écoles primaires et secondaires (voir la rubrique « Focus » ci-dessous), qui s'appuie notamment sur des outils électroniques tels que la messagerie électronique, un site internet interactif, les réseaux sociaux (la MRA est déjà présente sur Twitter) et le Service en ligne d'information des contribuables.
- Un cours de fiscalité est ouvert dans le cursus de troisième cycle en administration des entreprises (MBA), et une bourse de recherches fiscales est offerte. L'Université de Maurice a conclu avec plusieurs universités étrangères un partenariat de collaboration qui permet de financer des travaux de recherche en fiscalité et la rédaction d'articles dans des revues d'études fiscales renommées et dans la presse internationale. La MRA prévoit aussi d'accorder une bourse à un étudiant de l'Université de Maurice afin qu'il effectue un doctorat dans un domaine lié à la fiscalité.
- Information de catégories vulnérables et d'entrepreneurs exerçant dans des secteurs informels ou dans des zones rurales, sur des questions fiscales (incitations fiscales, en particulier), sur les détaxes accordées pour les équipements achetés et sur d'autres avantages offerts par l'État. Les catégories

ciblées sont les pêcheurs, les agriculteurs, les apiculteurs, les horticulteurs et les éleveurs de cochons.

Le TECD est très présent dans les médias ; il donne régulièrement des conférences de presse et organise des réunions pour diffuser des communiqués et des annonces officielles. Ces réunions sont ouvertes à la presse écrite, aux chaînes de radio et de télévision nationales ainsi qu'aux chaînes de radio locales privées. Des agents du TECD animent des émissions de radio et de télévision dans les langues locales pour insister sur les différentes mesures fiscales prises lors de l'adoption du précédent budget de l'État.

Focus : Sensibilisation à l'impôt en milieu scolaire

Les jeunes d'aujourd'hui sont les contribuables de demain. C'est pourquoi il est essentiel de les sensibiliser à l'importance et à la raison d'être des impôts, afin de cultiver une attitude consistant à souhaiter l'impôt plutôt qu'à s'y résigner. Il est tout aussi nécessaire de veiller à l'augmentation durable du nombre de contribuables au fil du temps. Depuis janvier 2012, le TECD a donc mis en œuvre un programme de sensibilisation à l'impôt à l'intention des lycéens.

Ce programme décrit les obligations fiscales que doivent remplir des citoyens irréprochables. Il couvre tous les impôts auxquels les particuliers sont soumis : TVA (sur tous les achats de consommation quotidienne), taxe de restauration, taxes sur l'alcool et le tabac, taxe sur l'essence, impôt sur le revenu et impôts fonciers et sur les sociétés. Il donne aussi une idée de la manière dont les recettes fiscales sont dépensées et examine le phénomène illégal et répréhensible de l'évasion fiscale. Cela étant, l'essentiel du programme est destiné à cultiver le sentiment de devoir national et de patriotisme au détriment d'attitudes négatives à l'égard des impôts. Le but est de promouvoir une culture du civisme fiscal en vertu de laquelle les citoyens considèrent que le paiement des impôts fait partie intégrante de la relation qu'ils entretiennent avec l'État. De surcroît, tout est fait pour que les étudiants agissent en qualité « d'ambassadeurs de la MRA » en partageant ces comportements avec leurs parents, voire en les dissuadant de pratiquer l'évasion fiscale.

En début d'année, le TECD et les autorités éducatives programment des rencontres dans les lycées de l'île tout entière. Les sessions en milieu scolaire sont animées par des fonctionnaires du TECD et comprennent trois grandes parties :

- Un bref diaporama PowerPoint
- Une vidéo et des films courts sur les différents projets publics financés grâce aux recettes fiscales
- Un débat animé avec les élèves et leurs enseignants suivi d'une distribution de brochures, d'affiches et d'autocollants.

Le TECD se munit des éléments suivants lors de ses visites dans les écoles concernées :

- Ordinateur portable, projecteur et écran pour les diaporamas PowerPoint
- Un « kit jeunes » individuel que chaque élève pourra rapporter chez lui, contenant un CD interactif avec un clip vidéo faisant la promotion du civisme fiscal, et un film de présentation de la MRA

- Un film court présentant les différents projets financés grâce aux recettes fiscales (routes, ponts, hôpitaux, prisons et centres sociaux)
- Un CD contenant des exposés, des brochures et des affiches ainsi qu'une copie électronique du rapport annuel de la MRA, son magazine annuel et sa lettre d'information (des copies sur papier de ces documents sont aussi distribuées dans les classes et les bibliothèques)
- Un lien vers le compte Twitter de la MRA
- Un lien vers le site internet de la MRA
- Un équipement vidéo pour prendre des photographies et faire des films des sessions en vue de les inclure dans la lettre d'information, de les publier dans la presse locale et de les diffuser au cours d'émissions spéciales à la télévision nationale.

Les élèves des lycées et des universités peuvent également participer à des concours de dissertations.

La MRA est seule à concevoir et mettre en œuvre ces projets, puisqu'aucun partenaire extérieur n'intervient. Cependant, leur succès repose sur la coopération des autorités éducatives. Le programme emploie quatre personnes au niveau national ; aucun de ces agents ne reçoit de formation spécifique. Le coût total du programme s'élève à environ 100 000 MUR (soit 3 200 USD).

Impacts

L'évaluation de cette initiative s'est faite au moyen de fiches de commentaires et au fil des conversations avec les élèves et les enseignants. Il en ressort que le programme a très bien réussi à sensibiliser les jeunes et à leur inculquer une attitude positive à l'égard de l'impôt :

- La génération future est sensibilisée. Depuis le lancement du programme en 2012, 17 établissements scolaires ont été couverts – et, de ce fait, environ 1 500 élèves ont été exposés au programme.
- La prise de conscience progresse. Compte tenu du nombre d'élèves concernés, la prochaine génération de contribuables connaît mieux la fiscalité et se prépare bien à l'avenir.
- Les perceptions sont plus positives. L'attitude à l'égard de l'impôt est devenue plus positive et les élèves sont désormais convaincus que l'État dépense l'argent du contribuable avec discernement. De même, ils éprouvent davantage le sentiment que leur contribution à l'impôt national est équitable. Il semble qu'ils aient donc une vision de l'impôt bien plus saine que celle de leurs parents.
- Naissance d'une culture du civisme fiscal. Les étudiants sont la principale catégorie de population ciblée par le programme. Or, ils ne deviendront contribuables que dans cinq ans environ (voire davantage) ; il est donc impossible de mesurer l'efficacité de cette initiative en termes de discipline fiscale. Toutefois, le sentiment que le paiement de l'impôt est une obligation morale à remplir volontairement a progressé. Toute porte donc à croire que la situation s'améliorera encore dans les cinq prochaines années.

Enseignements

Pour faire évoluer les attitudes et les perceptions souvent négatives que les gens ont à l'égard de l'impôt, il est indispensable d'agir de manière déterminée. C'est tout aussi nécessaire pour casser le cycle par lequel ces attitudes se perpétuent de génération en génération.

Le TECD a beau n'avoir conclu aucun partenariat extérieur, il est néanmoins conscient de l'importance d'une coopération avec les autorités éducatives, avec lesquelles il s'est attaché à nouer une relation féconde. Tel n'était pourtant pas le cas au départ, quand les uns et les autres opposaient de fortes réticences – les autorités scolaires, par exemple, refusaient d'accorder un créneau horaire à la MRA, estimant que les programmes comportaient déjà de trop nombreuses disciplines et que les étudiants étaient surchargés de travail.

Étapes suivantes

Le fait que les autorités éducatives de Maurice aient renouvelé le créneau horaire réservé à la MRA dans le cursus périscolaire témoigne de leur satisfaction à l'égard du programme. C'est pourquoi la MRA entend le poursuivre et en étendre l'influence au maximum afin de couvrir l'ensemble des lycées du pays. Elle prévoit aussi de conduire une enquête afin d'évaluer la manière dont le programme a été reçu par les autorités scolaires, les élèves et leurs parents. Une version « allégée » du programme est en cours d'élaboration pour les élèves des écoles primaires âgés de 10 et 11 ans. Elle reposera davantage sur des documents visuels comme des films, des dessins animés et des affiches colorées pour captiver l'attention des élèves.

Encadré 17.2. **L'Autorité des recettes de Maurice (*Mauritius Revenue Authority*, MRA)**

L'Autorité des recettes de Maurice (*Mauritius Revenue Authority* ou MRA) est le principal organe administratif de collecte des impôts. Elle regroupe plusieurs départements administratifs sous un même toit : impôt sur le revenu, TVA et douanes, ainsi que communication et éducation fiscales. La vision de la MRA consiste à être « une autorité fiscale de classe mondiale, respectée pour son professionnalisme, son efficience, son équité, son intégrité et sa contribution au développement économique et social de la nation ».

Outre qu'elle est chargée d'appliquer les lois et les règles fiscales, la MRA s'attache aussi avec détermination à lutter contre l'évasion fiscale, la contrebande et le trafic de drogues, afin de préserver et de protéger l'intégrité commerciale du pays.

Pour plus d'informations :

Site internet : www.mra.mu

Compte Twitter : http://twitter.com/MRA_services

Source : Département de la communication et de l'éducation des contribuables.

Chapitre 18

Mexique : Enseigner la fiscalité dans l'enseignement supérieur

Service de l'administration fiscale

Ce chapitre présente le programme d'éducation des contribuables du Mexique. Il décrit d'abord les objectifs généraux du programme, suivi d'un point sur un élément spécifique, l'enseignement de la fiscalité dans l'enseignement supérieur. Il examine par la suite l'impact et les leçons à tirer de l'initiative, suivie par un aperçu des prochaines étapes.

L'éducation des contribuables est depuis très longtemps l'une des priorités du Service de l'administration fiscale du Mexique – *Servicio de Administración Tributaria* (SAT ; voir encadré 18.3). L'administration centrale du SAT a lancé le Programme national d'éducation fiscale en 1997 ; il emploie aujourd'hui 130 agents. Le SAT estime que la participation des citoyens est un élément indispensable de l'éducation fiscale et s'efforce de mobiliser le public grâce à une palette d'activités variées.

L'éducation des contribuables au Mexique

Au Mexique, l'éducation fiscale repose sur une approche pédagogique qui vise à faire évoluer les comportements individuels afin de produire un impact positif sur l'ensemble de la société (encadré 18.1). L'éducation donne naissance à une culture nouvelle, laquelle permet à son tour de bâtir une citoyenneté qui s'incarne notamment dans le civisme fiscal.

Encadré 18.1. **Objectifs de l'éducation des contribuables au Mexique**

- Renforcer le respect volontaire, prompt et consciencieux des obligations fiscales.
- Améliorer l'image des institutions publiques et garantir l'acceptation sociale et la connaissance du système fiscal.
- Lutter contre la faiblesse actuelle de l'engagement des citoyens dans les affaires publiques et de la contribution fiscale.
- Sensibiliser à la citoyenneté dès le plus jeune âge et tout au long du cursus scolaire.
- Informer les citoyens de la manière dont les recettes fiscales sont générées et utilisées, afin de faire évoluer les mentalités.
- Encourager la participation active du public dans les activités de l'État.

Source : Service de l'administration fiscale.

Depuis le lancement du Programme national d'éducation fiscale en 1997, de nombreuses mesures ont été adoptées. En voici les principales :

- Conception de cours de fiscalité dans les programmes d'enseignement universitaire (voir ci-dessous)
- Ajout de contenus thématiques sur la fiscalité dans les manuels gratuits que distribue le Système national d'éducation
- Emploi d'une mascotte conviviale, « Fiscalito », pour sensibiliser le public aux questions fiscales
- Promotion et diffusion des services auprès des contribuables
- Éducation des élèves scolarisés en cinquième et sixième années d'école primaire (de 9 à 11 ans)
- Organisation de conférences dans les universités et visites des bureaux régionaux
- Organisation d'expositions culturelles et de salons pour les enfants et leurs parents, les activités proposées étant destinées à informer et à encourager les bonnes habitudes

- Animation de zones SAT dans le centre d'attractions « Kidzania® » à Cuicuilco (encadré 18.2).

Plusieurs partenaires participent au programme : le Secrétariat à l'éducation publique, le Secrétariat à l'économie, l'Institut mexicain de sécurité sociale, l'*Instituto del Fondo Nacional de la Vivienda para los Trabajadores* (Institut du Fonds national de logement pour les travailleurs), l'*Instituto Mexicano de Contadores Públicos* (l'Institut mexicain des experts-comptables), le *Colegio de Contadores Públicos* (Ecole d'expertise comptable) ainsi que des universités publiques. Parmi les partenaires privés, signalons *Desarrollo Empresarial Mexicano* (Développement d'entreprises Mexique) et des universités privées.

Encadré 18.2. **L'impôt à Kidzania®**

Ce centre d'activités pour enfants de 14 000 mètres carrés est conçu comme une ville miniature où les enfants peuvent conduire des voitures électriques et prendre part à des centaines d'activités. Deux zones y sont consacrées au SAT – un centre des impôts et un bureau des douanes. Les enfants y apprennent la valeur et la source du « fruit du labeur », le salaire, ainsi que le lien qui existe entre impôts et bien-être social. Chaque année, un million de personnes environ se rendent à Kidzania®, dont 70 % d'enfants âgés de moins de 16 ans.

Source : Service de l'administration fiscale.

Focus : Enseigner la fiscalité dans l'enseignement supérieur

Impliquer et éduquer de futurs professionnels de la finance et de la comptabilité permet de les doter des outils dont ils auront besoin pour interagir avec l'administration fiscale tout au long de leur carrière. Tel est le socle de la stratégie pédagogique que le SAT a adoptée en 2004 : une stratégie gagnant-gagnant visant à former des professionnels de la fiscalité tout à la fois informés, réceptifs et susceptibles de jouer un rôle déterminant dans l'amélioration de la discipline et du civisme fiscaux.

Pour exécuter ce projet, le SAT a pris contact avec l'Institut fédéral de l'éducation ; il en est résulté un « accord de collaboration » entre le Secrétariat aux finances et au crédit public et le Secrétariat à l'éducation. L'accord vise à coordonner les questions d'éducation civique dans les programmes d'éducation fiscale destinés au public, en favorisant notamment les programmes qui, dans le cadre du système national d'éducation, ont pour objectif de consolider une culture de la participation citoyenne.

Cette collaboration a débouché sur l'élaboration d'un cursus adapté aux cours universitaires de tous niveaux. Il est conçu pour renforcer les compétences professionnelles tout en formant les actifs à la responsabilité éthique et à l'engagement social.

Le SAT a également collaboré avec l'Institut mexicain des experts-comptables pour rédiger un *Guide d'information et de formation à la fiscalité* à utiliser dans le cadre du programme universitaire. Le Guide est divisé en plusieurs sections, chacune d'entre elles étant consacrée à un objectif d'apprentissage spécifique. Il comprend des activités pédagogiques, des suggestions de contenus éducatifs et un glossaire des termes fiscaux les plus couramment employés.

Le programme d'études a été piloté par la très renommée Université nationale autonome de Mexico (UNAM, *Universidad Nacional Autónoma de México*), qui est considérée comme l'une des meilleurs du pays (QS, 2012). Après que le comité technique de l'UNAM a évalué le *Guide d'information et de formation à la fiscalité* pour s'assurer que son contenu était conforme aux programmes officiels, la discipline y a été ajoutée au dernier semestre de chaque cursus.

Dès l'intégration du cours dans le cursus de l'UNAM, les 8 bureaux régionaux de l'UNAM ont entrepris de déployer la stratégie d'éducation fiscale dans l'ensemble du pays en facilitant les accords de collaboration entre le SAT et les établissements d'enseignement dans différentes régions. Parmi les établissements d'enseignement publics et privés qui proposent ce cursus, signalons les suivants : l'*Instituto Tecnológico de Estudios Superiores* de Monterrey, l'*Instituto Mexicano de Contadores Públicos A.C.* (Institut mexicain des experts-comptables) à Acapulco, l'*Universidad Popular Autónoma del Estado de Puebla* et la *Benemérita Universidad Autónoma de Puebla*, à Puebla, et l'*Universidad del Valle de México*, de niveau fédéral. Ces projets ont reçu l'appui d'un partenariat conclu avec le programme international EUROsociAL de l'Union européenne.

Il avait initialement été décidé d'enseigner la discipline sur place, mais un dispositif d'apprentissage à distance est désormais disponible. De même, alors que le public ciblé se limitait à l'origine aux étudiants de premier cycle en comptabilité et en administration publique, le programme est désormais ouvert à tous les étudiants d'université et aucune connaissance préalable de la fiscalité n'est requise.

Le Programme national d'éducation fiscale est le fruit du travail conjoint de deux catégories de fonctionnaires : 68 agents du SAT et 68 fonctionnaires de l'enseignement public. Les agents du SAT sont chargés de superviser la conception et l'exécution du projet dans l'ensemble du pays, et de conclure des accords avec les universités afin d'intégrer l'éducation fiscale dans les cursus officiels de leurs programmes d'études. Le rôle des fonctionnaires de l'enseignement public consiste à enseigner le cours de fiscalité dans les universités et les institutions concernées. L'ensemble du personnel est soumis à une évaluation constante et suit des cours de formation destinés à tenir les enseignants au fait de l'évolution de la réglementation fiscale.

Toute tâche de conception et d'harmonisation que les agents du SAT accomplissent dans le cadre du Programme d'éducation fiscale induit des coûts. Les établissements privés couvrent les frais d'impression et de diffusion des outils pédagogiques. Les documents imprimés ont un coût de rétablissement de l'ordre de 12 USD. Toutefois, pour permettre aux anciens élèves d'accéder aux documents, une version électronique est disponible sur le site internet de chaque université.

Impacts

Des coordinateurs du SAT et de l'enseignement public ont évalué le Programme national d'éducation fiscale en analysant les statistiques de base concernant le nombre d'actions conduites et de visites de bureaux, la participation par niveau d'enseignement, les manifestations organisées, etc. Des groupes consultatifs effectuent des évaluations qualitatives et les étudiants qui, ayant achevé la formation, s'inscrivent au registre des contribuables, font l'objet d'une étude de suivi dans l'année qui suit. Ces évaluations aboutissent aux conclusions suivantes :

- Participation satisfaisante des établissements d'enseignement. À ce jour, le cours de fiscalité a été enseigné à 18 promotions dans 71 universités.

- Intérêt croissant du public pour les questions fiscales. Le degré de participation des citoyens est la preuve que les questions fiscales font l'objet d'un intérêt croissant.

Pour obtenir un point de vue plus ample encore, le Centre interaméricain des administrations fiscales (CIAT) a piloté une étude comparative internationale qui a pris la forme d'une enquête par questionnaire sur les administrations fiscales en Amérique latine, et ce dans le cadre d'une recherche sur les bonnes pratiques en matière d'éducation fiscale. Les résultats sont en attente de publication.

Enseignements

Le déploiement de ce programme d'enseignement à travers le Mexique s'est heurté à un obstacle majeur : l'éducation fiscale ne relève pas d'une politique publique de l'État. Cet état de fait a entravé sa mise en œuvre car, dans ces conditions, il s'est révélé difficile d'obtenir l'appui d'administrations susceptibles de mobiliser des moyens. De ce point de vue, les liens entre institutions du secteur public doivent être consolidés, de même que les partenariats conclus avec les entités du secteur privé.

Il est prévu d'apporter d'autres améliorations à l'éducation fiscale dans les universités :

- Ouverture d'une formation diplômante en fiscalité
- Spécialisation et programmes de certification en fiscalité
- Certificat du programme d'éducation fiscale pour les agents du SAT
- Cours de conseil fiscal
- Concours et activités artistiques organisés par les bureaux régionaux du SAT
- Introduction de l'éducation fiscale dans les cursus pour enseignants
- Créer un nouveau cursus destiné aux futurs entrepreneurs sur la fiscalité des très petites, petites et moyennes entreprises
- Proposer aux étudiants de s'inscrire au registre des contribuables avant même d'entrer sur le marché du travail.

En dehors de ces plans pour l'enseignement supérieur, le Programme national d'éducation fiscale comporte plusieurs autres projets :

- Bénévoles : création de groupes citoyens chargés de favoriser la conscience civique et la culture du paiement de l'impôt. Ces groupes peuvent contribuer à la cohésion sociale et améliorer la qualité des espaces publics.
- Observatoire citoyen : zone où le public peut donner son avis sur l'emploi et la répartition des moyens publics, et où les responsables de l'administration doivent répondre de leurs décisions.
- Caravane citoyenne : spectacles permanents ou itinérants (spectacles de marionnettes, représentations théâtrales, concerts, récitals, expositions, etc.) sur un thème fiscal et destinés à toutes les classes d'âge. Les sujets abordés touchent à l'apprentissage de la citoyenneté et au bien commun. C'est aussi l'occasion d'aider les artistes mexicains.

- Journée portes ouvertes : des visites seront proposées au public afin qu'il découvre comment fonctionne une autorité douanière. Cela permettra de garantir la transparence des autorités douanières, d'expliquer le fonctionnement des douanes aux gens et de souligner combien il est important de déclarer les différents types de marchandises qui entrent dans le pays et qui en sortent.

Encadré 18.3. **Le Service de l'administration fiscale au Mexique**

Le Service de l'administration fiscale mexicaine (SAT) est un organe fédéral public dont le siège se trouve à Mexico. Il emploie 36 000 agents publics et compte 68 bureaux régionaux, qui font office de service d'assistance aux contribuables dans les grandes villes de chaque État et de chaque région. En tant qu'autorité fiscale, il est séparé du Secrétariat aux finances et au crédit public et jouit d'une autonomie de gestion et de budget, ainsi que d'une indépendance technique pour formuler ses résolutions.

Sa mission consiste à administrer la collecte des impôts au niveau fédéral, à contrôler les marchandises à l'import et à l'export, à gérer les risques et à inciter les contribuables à remplir correctement et de leur plein gré leurs obligations fiscales.

Pour plus d'informations :

Site internet : www.sat.gob.mx

Adresse électronique de l'éducation des contribuables : civismo.fiscal@sat.gob.mx

Source : Service de l'administration fiscale.

Référence

QS (Quacquarelli Symonds) (2012), *QS University Rankings: Latin America*, QS, Londres, disponible à l'adresse suivante : www.topuniversities.com/latin-american-rankings.

Chapitre 19

Maroc : Enseigner le civisme fiscal aux enfants

Direction générale des impôts

Ce chapitre présente le programme d'éducation des contribuables du Maroc. Il décrit d'abord les objectifs généraux du programme, suivi d'un point sur un élément spécifique, l'enseignement du civisme fiscal aux enfants. Il examine par la suite l'impact et les leçons à tirer de l'initiative, suivie par un aperçu des prochaines étapes.

Le Royaume du Maroc incite vivement tous ses citoyens à honorer leurs obligations fiscales de sorte que chaque contribuable puisse participer – selon ses moyens – au financement des services d'intérêt général. Le ministère de l'Économie et des finances a adopté une série de mesures pour permettre aux citoyens de remplir leurs obligations, y compris en ciblant particulièrement le secteur informel. L'éducation civique est l'un des objectifs stratégiques de la Direction générale des impôts (DGI ; voir encadré 19.4), qui dépend du ministère. Elle recourt massivement à l'éducation fiscale pour sensibiliser les contribuables actuels et potentiels ainsi que les générations futures (encadré 19 .1).

Au Maroc, l'éducation des contribuables relève des responsabilités de la DGI. Il n'existe pas de section spécifiquement chargée de cette mission.

L'éducation des contribuables au Maroc

Voici certaines des principales activités :

- Participation de la DGI à des salons et forums d'information du public comme e-gov. ou encore le Salon national des Marocains résidant à l'étranger (voir encadré 19.2)
- Publication de communiqués de presse concernant les déclarations de revenus et le paiement des impôts, l'évolution de la législation fiscale, les dates limite, les données statistiques, les procédures fiscales et les mesures fiscales prises dans le cadre de la loi de finances
- Production et mise à jour de guides, du site internet et de brochures (le Guide des Marocains résidant à l'étranger, par exemple)
- Participation à des émissions de radio et de télévision et production de publicités radiotélévisées en lien avec la sensibilisation et les campagnes de popularisation
- Gestion d'un site internet et des messages électroniques, notamment à l'intention des opérateurs économiques (experts-comptables, Confédération générale des entreprises du Maroc (CGEM), Chambres de commerce)
- Envoi de lettres d'information sur toute modification du système fiscal
- Organisation par les directeurs des sections centrale et régionales de tournées d'information destinées aux partenaires de la DGI
- Rencontres avec les entreprises
- Travail en lien étroit avec le ministère de l'Éducation nationale et avec certaines écoles
- Organisation de manifestations locales et culturelles

Le Maroc a consenti de remarquables efforts pour sensibiliser le secteur de l'économie informelle. Le budget de l'État pour 2011 comprenait des dispositions juridiques et administratives ciblées qui visaient à encourager les entreprises informelles à s'enregistrer. La DGI a ensuite lancé une vaste campagne publicitaire pour promouvoir le civisme fiscal, campagne faite de communiqués de presse, de messages radiotélévisés et de journées de sensibilisation et d'information. Les organisations professionnelles et les comptables étaient une cible prioritaire : il s'agissait en effet de les sensibiliser et de les encourager à aider les entreprises informelles à s'intégrer dans l'économie formelle.

Encadré 19.1. **Objectifs de l'éducation des contribuables au Maroc**

- Promouvoir le civisme fiscal.
- Fournir des informations relatives aux droits et aux devoirs des contribuables.
- Améliorer l'image de la Direction générale des impôts (DGI).
- Expliquer pourquoi les impôts doivent être payés.
- Accroître le nombre de citoyens qui paient des impôts.
- Donner aux citoyens les moyens de participer aux débats sur l'emploi des recettes fiscales.
- Approfondir les connaissances des citoyens en matière fiscale.

Source : Direction générale des impôts.

La DGI a signé des accords avec la Confédération générale des entreprises du Maroc et avec la Fédération des chambres de commerce, d'industrie et de services pour établir un partenariat fondé sur la confiance mutuelle avec un objectif précis : promouvoir le civisme fiscal. D'autres partenaires ont été associés : opérateurs économiques (experts-comptables, CGEM, etc.) ou encore centres d'investissements régionaux, etc.

Encadré 19.2. **L'éducation des contribuables marocains résidant à l'étranger**

Chaque année, la Direction générale des impôts met en place un système d'information et d'orientation à l'intention des Marocains résidant à l'étranger (les MRE). Bon nombre d'entre eux rendent régulièrement visite à leur famille au Maroc, mais ils ont tendance à ne rester que peu de temps, surtout pendant les mois d'été, et séjournent souvent dans des zones isolées. Il faut donc adopter une stratégie particulière pour les atteindre :

- La DGI a publié une brochure spécialement destinée aux MRE, qu'elle distribue dans ses bureaux d'accueil et qu'elle a postée sur son site internet.
- Une Section d'accueil et d'information des MRE est constituée chaque année pendant les mois de juillet et août à la Fondation Hassan II pour les Marocains résidant à l'étranger, qui leur porte assistance lorsqu'ils séjournent au Maroc et prône la coopération économique, sociale et culturelle auprès des MRE.
- Tous les étés, chaque administration fiscale régionale installe un comptoir de bienvenue réservé à l'accueil et à la prise en charge des MRE.
- La DGI participe à la Journée nationale des Marocains résidant à l'étranger, organisée chaque année au mois d'août, et au Salon national des MRE – qui a également lieu pendant l'été – organisé par le ministère chargé des Marocains résidant à l'étranger.
- La DGI participe également aux rencontres de MRE organisées dans plusieurs pays européens (France, Pays-Bas, Belgique, Espagne, etc.) par le ministère chargé des Marocains résidant à l'étranger et par d'autres organismes (la Fondation Hassan II, l'Agence de l'Oriental, etc.).

Les agents de l'administration fiscale répondent aux questions que leur envoient les citoyens résidant à l'étranger en les mettant en contact avec le directeur régional concerné.

Source : Direction générale des impôts.

Focus : Enseigner le civisme fiscal aux enfants

Comme indiqué précédemment, l'éducation civique est l'un des objectifs stratégiques fixés par la DGI dans sa nouvelle vision. En avril 2013, un accord-cadre a été signé entre le ministère de l'Économie et des Finances et le ministère de l'Éducation nationale en vue d'enseigner le rôle des impôts aux jeunes générations. Ce partenariat est une étape importante en vue de l'extension et de l'expansion d'un programme expérimental qui n'avait auparavant été conduit que dans la région de Rabat. Cette coopération vise à sensibiliser les enfants et les jeunes au civisme fiscal et à leur enseigner les fondements de la notion de citoyenneté. Au-delà, le programme les encourage à sensibiliser leurs parents en leur posant des questions sur la fiscalité.

L'accord de 2013 est l'aboutissement d'une série d'actions plus modestes en faveur des enfants. Elles ont commencé en 2000, lorsque la DGI a donné une conférence sur les obligations des citoyens de demain à l'occasion du deuxième salon des enfants et des jeunes citoyens. Entre 2001 et 2005, 20 écoles de la capitale marocaine, Rabat, ont participé à des séminaires visant à familiariser les enfants avec les notions de solidarité et de vie en société. En 2005, la DGI a conclu un partenariat avec l'Université de Rabat afin de former ses responsables, en échange de quoi ceux-ci ont dispensé des cours de fiscalité aux étudiants. En outre, le ministère de l'Éducation nationale a distribué une brochure rédigée en français et intitulée « Ce que le mot « impôt » signifie » à l'Académie de Rabat. Entre 2005 et 2011, la DGI a participé au salon annuel des enfants et des jeunes citoyens ainsi qu'à divers forums organisés par les écoles d'ingénieurs marocaines (Université Akhawayne, *École Mohammedia des Ingénieurs*, ENSIAS, etc.). En 2011, des publicités ont été enregistrées et diffusées à la télévision et à la radio pour accroître la discipline et le civisme en matière de fiscalité. L'acteur principal choisi pour jouer dans le film publicitaire était un garçon âgé de cinq ans. Cinq séries ont été diffusées trois fois à dix jours d'intervalle, à chaque fois aux heures de grande écoute. Par ailleurs, 200 affiches et 200 brochures ont été distribuées.

Encadré 19.3. **Expliquer les impôts aux enfants – Dialogue de théâtre (extrait)**

Sami : Regarde, Yasmine ! C'est la Direction générale des impôts dont notre professeur nous a parlé hier en cours d'éducation civique. Nous passions devant tous les jours sans même savoir ce que c'est !

Yasmine : Oui, Sami, tu as raison : avant ce cours, je ne savais rien sur les impôts.

Sami : Je me demande si tu te souviens de ce que le professeur nous a dit.

Yasmine : Bien sûr que je m'en souviens ! Il a dit que nous vivions tous ensemble dans notre pays et que nous devions tous, en fonction de nos moyens, contribuer au coût partagé du développement de notre pays.

Sami : Ainsi, l'impôt est une somme d'argent que chaque citoyen, en fonction de ses revenus, paie à l'État qui le dépense ensuite sur des choses qui profitent à tous.

Yasmine : Et sur quoi l'État dépense-t-il donc son argent ?

Sami : Sur tous les services publics et les infrastructures comme les écoles, les hôpitaux, les stades, les théâtres, les routes, les aéroports, etc. Et n'oublie pas que le professeur nous a dit aussi qu'il existe plusieurs types d'impôt différents.

Source : Direction générale des impôts.

En 2010, des mesures ont été prises pour formaliser ces actions par la signature d'un accord préliminaire avec le ministère de l'Éducation nationale. Le ministère de l'Économie et des Finances a organisé un forum pour transformer ce qui n'était qu'une idée en projet réalisable. L'ensemble des acteurs de la scène fiscale y ont participé : parlementaires, représentants du gouvernement et de l'administration, opérateurs économiques et acteurs sociaux, représentants de divers organes nationaux et internationaux, experts et universitaires du Maroc et d'ailleurs. Ils ont tous ensemble mené une réflexion approfondie sur le système fiscal marocain et sur le meilleur moyen de l'enseigner dans les établissements scolaires.

Le Département de la communication de la DGI pilote le projet conjointement avec le Département de la formation et les bureaux de réception et de coordination. Le Département de la communication conduit les activités et élabore les produits de communication pour les médias et les publics ciblés. Le Département de la formation est chargé de concevoir les programmes de formation et de les mettre à disposition des enseignants. En tout, 20 employés sont concernés (12 au niveau national et 8 au niveau régional).

Le coût total du projet s'élève environ à 700 000 MAD (soit quelque 83 000 USD) et est entièrement couvert par le budget de fonctionnement alloué. Cela étant, la DGI ne dispose pas de son propre budget de communication puisque le budget du Département de la communication est géré par la Direction des ressources du ministère, qui gère également les dépenses et les investissements des autres départements et directions.

Impacts

Globalement, l'initiative a suscité des réactions favorables de la part des partenaires impliqués et de la presse écrite. Toutefois, aucune enquête ou évaluation externe n'a été conduite.

- Augmentation du nombre de contribuables. Le nombre de contribuables nouvellement inscrits a dépassé 12 400 et continue d'augmenter ; le civisme fiscal se renforce.
- Approfondissement des connaissances en matière fiscale. Le projet a permis d'approfondir légèrement les connaissances des contribuables en matière fiscale (c'est-à-dire les compétences nécessaires pour s'acquitter de l'impôt).
- Évolution des perceptions. Le public prend conscience que l'administration fiscale fait l'effort de sensibiliser les contribuables et de renforcer une relation de transparence et de confiance. En outre, l'initiative a eu pour résultat de consolider quelque peu le sentiment que l'administration fiscale traite les contribuables de manière équitable et transparente.

Enseignements

Le projet éducatif a permis à la DGI de mesurer le degré d'ignorance des contribuables en matière fiscale, ce qui l'a encouragée à renforcer sa communication avec les contribuables en termes d'enseignement et d'information. Le programme d'éducation des contribuables décrit ci-dessus a relancé la confiance des contribuables et a amélioré l'image d'une administration fiscale qui agit en partenariat avec ses administrés.

Pourtant, si l'éducation des contribuables équivaut en général à un appel à la sensibilisation, ce qui prime plus que tout est d'améliorer la qualité des services fournis et de promouvoir une relation fondée sur la confiance des contribuables, grâce à l'adoption de textes législatifs clairs et de procédures transparentes.

L'obstacle principal auquel s'est heurté le projet tient au coût élevé des émissions audiovisuelles. Leur diffusion peut toutefois devenir gratuite à condition que la DGI puisse faire la preuve qu'elles servent l'intérêt national, sans quoi elles doivent être soumises à paiement (même avec un rabais).

Étapes suivantes

Le projet aurait un impact plus grand encore s'il était étendu à l'ensemble du pays ; à ce stade, seule la région de Rabat est concernée. Un premier pas a été franchi dans cette direction lorsqu'un accord de partenariat a été signé en avril 2013 entre le ministère de l'Economie et des finances et celui de l'éducation nationale, les mesures concrètes à prendre par chacune des deux parties étant encore en discussion.

Au-delà, la DGI prévoit de travailler en collaboration étroite avec le secteur privé et le secteur public ainsi qu'avec la société civile, afin d'aider les citoyens de demain.

Il est également prévu de produire de courts programmes audiovisuels pour expliquer la fiscalité en termes simples, et d'organiser des journées annuelles d'information en matière fiscale pour présenter les différentes missions qu'exerce la DGI et les impôts qu'elle gère.

Encadré 19.4. La Direction Générale des Impôts, DGI

La DGI a pour mission d'établir les impôts levés par le gouvernement (impôts sur les sociétés, impôt sur le revenu, taxe sur la valeur ajoutée et droits de timbre), de les collecter, de veiller à la stricte application de la loi et, enfin, de gérer la base des trois impôts locaux (taxe professionnelle, taxe sur les logements meublés et taxe de services communaux) pour le compte des autorités locales. Son rôle est à la fois de dissuader et d'instruire, tout en préservant les droits des contribuables.

La DGI emploie 4 870 agents répartis entre départements central, externes et régionaux. Elle obéit à une organisation territoriale décentralisée et se compose de 15 directions fiscales régionales.

Pour plus d'informations, consulter :

Site internet : www.tax.gov.ma

Source : Direction générale des impôts.

Chapitre 20

Mozambique : L'impulsion d'une dynamique en faveur du civisme

Administration fiscale du Mozambique

Ce chapitre présente le programme d'éducation des contribuables du Mozambique. Il décrit d'abord les objectifs généraux du programme, suivi d'un point sur un élément spécifique, l'impulsion d'une dynamique en faveur du civisme. Il examine par la suite l'impact et les leçons à tirer de l'initiative, suivie par un aperçu des prochaines étapes.

Le gouvernement mozambicain mène une réforme approfondie des douanes et de la fiscalité depuis 1996 dans le cadre de sa stratégie de réforme des finances publiques visant à accroître la perception de recettes. L'objectif du programme de réforme est de simplifier et de moderniser le système d'imposition, en l'alignant sur les meilleures pratiques régionales et internationales afin d'élargir l'assiette fiscale, d'accroître sensiblement les recettes et de contribuer ainsi à la réduction du déficit budgétaire.

Le processus d'attribution de numéros d'identification fiscale uniques a débuté en 1999. Pourtant, jusqu'en 2006, 388 924 contribuables seulement avaient été enregistrés. Cette année-là, l'Administration fiscale du Mozambique a été créée (*Autoridade Tributária de Moçambique* ; voir encadré 20.3) et a pris les rênes de la politique fiscale, entraînant ainsi une hausse des recettes fiscales et douanières.

L'éducation des contribuables au Mozambique

L'Administration fiscale du Mozambique attache une priorité élevée à l'éducation des contribuables et cherche à sensibiliser tous les citoyens aux affaires fiscales (encadré 20.1). Une stratégie nationale d'éducation des contribuables a été définie par le plan stratégique 2009/2010 de l'Administration fiscale du Mozambique et continue d'être mise en œuvre. Cette stratégie est centrée sur le civisme fiscal, les droits des contribuables et la renaissance d'une culture de paiement des impôts.

Encadré 20.1. **Objectifs de l'éducation des contribuables au Mozambique**

- Étendre la portée de l'éducation des contribuables en formant un corps d'agents d'éducation et de sensibilisation des contribuables.
- Communiquer au public des informations sur les impôts à travers les médias de masse.
- Sensibiliser le public à l'importance du civisme fiscal pour le développement durable du pays.

Source : Administration fiscale du Mozambique.

Les groupes ciblés sont :

- l'ensemble des citoyens
- les entreprises des secteurs formel et informel
- les établissements d'enseignement publics et privés
- diverses organisations de la société civile
- les médias
- les organisations de jeunesse
- les institutions religieuses
- les municipalités
- les institutions bancaires

L'Administration fiscale coopère avec les agences des autorités locales pour mettre en œuvre son programme d'éducation des contribuables et utilise la télévision, la radio et les journaux du pays.

Focus : La campagne « Ensemble, nous faisons le Mozambique »

L'une des actions prévues par le plan stratégique 2009/2010 de l'Administration fiscale pour élargir l'assiette d'imposition était d'organiser une campagne nationale d'éducation et de sensibilisation des contribuables et des usagers des douanes. La campagne a évolué et a été intégrée au plan stratégique 2011-2014, de même que d'autres stratégies visant à accroître sensiblement les recettes fiscales.

D'une durée d'une semaine, cette campagne annuelle a été lancée officiellement le 12 avril 2010 sous le slogan « Ensemble, nous faisons le Mozambique ». L'objectif était de sensibiliser tous les citoyens aux affaires fiscales, et les principaux thèmes abordés étaient le civisme fiscal, les droits des contribuables et la renaissance d'une culture de paiement des impôts. Elle ciblait en particulier le secteur informel, en encourageant les entreprises à s'enregistrer pour recevoir un numéro d'identification fiscale unique et bénéficier de l'Impôt simplifié pour les petits contribuables (ISPC), créé en 2009 (voir encadré 20.2).

Encadré 20.2. **Simplifier la fiscalité pour attirer le secteur informel**

Conformément aux meilleures pratiques de facilitation du paiement des impôts, l'Administration fiscale a créé l'Impôt simplifié pour les petits contribuables (ISPC) en 2009. Cet impôt faisait partie du plan quinquennal 2005-2009 du gouvernement, qui définissait des stratégies pour simplifier et améliorer le système d'imposition et adopter des mesures d'élargissement de l'assiette. La stratégie prévoit une révision des régimes d'imposition en vue de les rendre plus transparents et attractifs aux yeux des contribuables potentiels, en particulier ceux qui dirigent des micro-entreprises ou des petites entreprises, afin de s'assurer leur contribution aux recettes fiscales et aux dépenses de l'État. L'Impôt simplifié pour les petits contribuables a été utilisé pour inciter les citoyens à s'enregistrer, en particulier ceux du secteur informel, qui représente encore une part significative de l'économie mozambicaine. De 2007 à fin 2012, près de 119 000 contribuables potentiels se sont enregistrés pour payer l'Impôt simplifié pour les petits contribuables.

Source : Administration fiscale du Mozambique.

La campagne a pour objectif :

- de mobiliser tous les secteurs de la société
- de démontrer par tous les moyens l'importance des impôts
- d'utiliser la culture et le sport pour véhiculer ce message.

Parmi ses activités, on peut citer la création et la publication de rapports sur les impôts et leur importance, la diffusion de débats et d'interviews à la télévision et la radio, la rédaction d'articles dans la presse écrite, la création et la distribution de tracts, de brochures et de bulletins d'information, de produits (t-shirts et casquettes) et de CD d'information sur les impôts, et l'organisation de tournées et de caravanes d'éducation des contribuables.

Pour l'Administration fiscale, les partenariats jouent un rôle crucial dans l'amélioration de la couverture médiatique. L'Administration fiscale a défini des mémorandums d'accord avec différents acteurs, en particulier des entreprises des secteurs formel et informel, des établissements d'enseignement publics et privés, diverses organisations de la société civile, des médias, des organisations de jeunesse, des institutions religieuses, des municipalités et des institutions bancaires. Aux termes de ces mémorandums d'accord, les parties s'engagent à travailler ensemble pour sensibiliser la population à l'importance des impôts et du civisme fiscal pour le développement durable du pays. Des agents de certains partenaires, tels que le ministère de la Santé ou Radio Mozambique, ont ensuite été sélectionnés et formés pour devenir des agents d'éducation et de sensibilisation des contribuables afin de partager des informations sur les questions fiscales avec leurs pairs.

La campagne est coordonnée par le directeur de l'Administration fiscale à travers le Service de la communication et de l'image. Ce service travaille directement avec la Section du registre de l'Administration fiscale et les délégations provinciales, qui à leur tour supervisent les circonscriptions administratives, les services des districts et les responsables locaux (tableau 20.1).

Dans le cadre de la stratégie d'éducation des contribuables de l'Administration fiscale, les bureaux locaux de l'Administration fiscale de l'ensemble du pays participent également à la formation des agents de sensibilisation. À ce jour, plus de 36 000 agents ont été formés.

Tableau 20.1. **Nombre d'agents de l'Administration fiscale participant à la campagne d'éducation des contribuables au Mozambique***

Sections participantes	Nombre d'agents participants
Service de la communication et de l'image	40
Registre	100 (deux dans chaque bureau d'administration fiscale et un dans chaque circonscription fiscale)
Délégations provinciales	22
Total	162

Source : Administration fiscale du Mozambique.

**Note :* La participation à la campagne n'est pas un engagement à plein temps ; les agents exercent d'autres missions et responsabilités.

Le rôle du personnel de l'Administration fiscale est de procéder à l'enregistrement des contribuables, de leur attribuer un numéro d'identification fiscale unique et de leur apporter soutien et assistance dans les communautés locales. Sa mission plus publique est de former des agents de sensibilisation aux questions fiscales et douanières, d'animer des discussions pour promouvoir le paiement des impôts auprès du grand public et de participer à des émissions de télévision et de radio.

Les agents de l'Administration fiscale de trois régions (le Nord, le Centre et le Sud) ont reçu une formation d'agents de sensibilisation des contribuables. Au moins 2 agents devraient être formés dans chacune des onze délégations provinciales en 2013. Par conséquent, environ 22 formateurs seront informés de l'ensemble des projets de modernisation du système d'imposition, tels que la *Janela Única Electrónica* (JUE ; guichet unique électronique), *l'e-tributação* (imposition électronique), les machines de paiement des impôts – et d'autres outils fournis par l'Organisation mondiale des douanes (OMD) et le Forum sur l'administration fiscale africaine (ATAF). Une certaine part d'autonomie leur sera accordée dans la formation des agents, mais aussi dans la mise en œuvre des campagnes d'éducation des contribuables.

Le coût de la campagne d'éducation des contribuables (tableau 20.2) inclut la communication de masse – télévision, radio et presse (production et diffusion de spots publicitaires, de rapports, de communiqués de presse, etc.), affiches, publications (bulletins d'information, magazines et suppléments), manuels d'éducation des contribuables, tracts et brochures d'information sur les impôts et les douanes et initiatives de sensibilisation fiscale reposant sur la culture, le divertissement et le sport. Une partie des coûts a été engagée pour la formation d'agents de sensibilisation aux impôts et aux douanes, en partenariat avec des associations de jeunesse, des ONG, des administrations de districts, des circonscriptions administratives, des localités, des marchés et d'autres porte-parole légitimes.

Tableau 20.2. **Coût approximatif de la campagne d'éducation des contribuables au Mozambique, 2010-12**

Année	Coût exprimé en MZN*	Coût exprimé en USD	Taux de change
2010	50 927 550	1 818 841	28.00 MZN/USD
2011	82 494 469	2 946 231	28.00 MZN/USD
2012	19 725 383	657 512	30.00 MZN/USD

Source : Administration fiscale du Mozambique.

Note : *Meticais mozambicains.

Impacts

La campagne « Ensemble, nous faisons le Mozambique » et les activités d'éducation des contribuables s'y rapportant semblent avoir porté leurs fruits, en particulier en ce qui concerne l'augmentation du nombre de contribuables enregistrés. Entre 1999 et 2006, environ 390 000 personnes s'étaient enregistrées pour payer des impôts. En 2012, ce chiffre avait quintuplé (tableau 20.3). Cela représente en moyenne 285 988 attributions de numéros d'identification fiscale unique chaque année depuis la création de l'Administration fiscale et le lancement de la campagne d'éducation et de sensibilisation des contribuables.

Tableau 20.3. **Nombre de contribuables enregistrés chaque année, 1999-2012**

Type	1999-2004	2005	2006	2007	2008	2009	2010	2011	2012	Total
Particuliers	126 373	116 047	96 409	186 324	187 185	183 219	257 434	321 292	498 440	1 972 723
Entreprises	10 597	2 522	36 976	3 554	4 384	4 933	5 068	6 286	7 814	82 134
Total	136 970	118 569	133 385	189 878	191 569	188 152	262 502	327 578	506 254	2 054 857
Total agrégé	n/a	255 539	388 924	578 802	770 371	958 523	1 221 025	1 548 603	2 054 857	n/a

Source : Administration fiscale du Mozambique.

Enseignements

Les agents de l'Administration fiscale ont été confrontés à un certain nombre de difficultés dans le cadre de la campagne d'éducation des contribuables. Il était difficile d'intégrer toutes les sphères de la société, car le Mozambique est un pays vaste, marqué par sa diversité linguistique et qui présente un faible taux d'alphabétisation. Certaines zones étaient trop reculées et inaccessibles. De nombreuses personnes sont réticentes à changer leur attitude vis-à-vis des impôts en raison d'une culture de non-paiement des impôts et d'une ignorance généralisée de l'importance des recettes fiscales pour le développement du pays. La population se représente difficilement l'impact que le versement d'impôts par un plus grand nombre de citoyens aurait pour elle et pour le pays.

Étapes suivantes

Il est prévu d'apporter plusieurs améliorations à la campagne d'éducation des contribuables actuelle, dont les suivantes :

- établissement d'un dialogue avec toutes les sphères de la société en utilisant les langues locales
- formation de personnes présentant une déficience visuelle (et traduction des manuels en braille) ou auditive ainsi que de muets pour leur permettre de participer à la campagne
- production de manuels sous forme de bandes dessinées
- diffusion d'informations sur la fiscalité dans tous les médias de masse, y compris les radios locales, et installation d'un studio de radio et de télévision pour diffuser les publicités, les rapports et les annonces de l'Administration fiscale
- intégration d'informations sur la fiscalité et les douanes dans les manuels scolaires de l'enseignement primaire et secondaire et mise en place de cours sur ces sujets.

Encadré 20.3. **L'Administration fiscale du Mozambique**

L'Administration fiscale du Mozambique a été créée en 2006. Sa mission est de recouvrer des recettes et d'appliquer ses politiques fiscales avec efficacité, efficience et équité, y compris en ce qui concerne les droits de douane. Elle cherche à faciliter l'exécution des obligations des contribuables et à protéger l'économie et la société. Elle a pour responsabilités de mettre en œuvre la politique fiscale et douanière, de diriger les services de l'Administration fiscale, de planifier les systèmes d'information, de former le personnel et de rechercher et de concevoir des politiques fiscales et douanières. L'Administration fiscale du Mozambique compte 4 270 agents répartis dans 374 bureaux à travers le pays, situés aussi bien en zones urbaines que rurales.

Pour plus de renseignements, consulter :

Site internet : www.at.gov.mz

Adresses électroniques pour l'éducation des contribuables : gcimagem@at.gov.mz, gcimagem@gmail.com

Source : Administration fiscale du Mozambique.

Chapitre 21

Nigéria : Une saga fiscale

Administration fiscale fédérale du Nigéria

Ce chapitre présente le programme d'éducation des contribuables du Nigéria. Il décrit d'abord les objectifs généraux du programme, suivi d'un point sur un élément spécifique, la saga fiscale « Un devoir impérieux ». Il examine par la suite l'impact et les leçons à tirer de l'initiative, suivie par un aperçu des prochaines étapes.

Les contribuables reçoivent généralement des informations bien trop techniques sur les impôts, qui ne sont pas exprimées en des termes accessibles. Si ces messages étaient présentés de manière plus engageante, les contribuables pourraient comprendre les enjeux et seraient plus enclins à s'acquitter de leurs obligations fiscales. Dans cet esprit, l'Administration fiscale fédérale du Nigéria (encadré 21.3) a mis au point plusieurs initiatives stratégiques afin de susciter davantage d'intérêt pour les informations sur les impôts chez les contribuables.

L'éducation des contribuables au Nigéria

L'Administration fiscale fédérale du Nigéria dispose d'une unité dédiée à l'éducation des contribuables, qui met l'accent sur les entretiens individuels ou en tête-à-tête (encadré 21.1). Le Service de la communication est chargé d'assurer l'éducation des contribuables dans les médias de masse et d'entreprendre diverses initiatives dans ce domaine.

Encadré 21.1. **Objectifs de l'éducation des contribuables au Nigéria**

- Expliquer quels sont les différents types d'impôts que les citoyens sont tenus de payer et comment, où et quand les verser.
- Montrer les avantages découlant du paiement des impôts.
- Accroître le nombre de contributions volontaires.
- Donner aux citoyens les moyens de participer aux débats sur l'utilisation des recettes fiscales.

Source : Administration fiscale fédérale du Nigéria.

L'Administration fiscale fédérale du Nigéria collabore avec les médias nigérians et diverses institutions publiques et privées pour réaliser de multiples activités clés, dont :

- des émissions de radio dans les cinq langues nigérianes les plus parlées (igbo, haoussa, yoruba, pidgin et anglais), diffusées par les principales chaînes de radio
- une émission de télévision sur le thème des impôts diffusée sur toutes les principales chaînes de télévisions (voir ci-après)
- des films sur la fiscalité sous forme de « feuilletons télévisés », qui mettent en évidence les différents domaines soumis à l'impôt et types d'impôts, et soulignent la nécessité pour les contribuables de payer des impôts
- des pages hebdomadaires dans treize des principaux journaux nigérians avec des articles, des actualités et des informations sur les impôts
- des campagnes publicitaires sur différents domaines et aspects de la fiscalité, tels que la TVA et la retenue à la source, s'articulant sur de nombreux supports variés et des séances de rencontre avec les parties prenantes, des tournées, etc.
- des séminaires et des ateliers destinés aux contribuables
- l'utilisation de médias sociaux (tels que Facebook et Twitter)

- des collaborations avec des établissements d'enseignement supérieur, secondaire et primaire
- des concours et des prix.

Les groupes ciblés sont notamment :

- les micro-entreprises et les petites, moyennes et grandes entreprises
- les résidents du Territoire de la capitale fédérale, les militaires et les agents de la police (impôt sur le revenu des personnes physiques).

Focus : Le feuilleton télévisé « Un devoir impérieux »

« Un devoir impérieux » est un feuilleton télévisé de 30 minutes dont 26 épisodes ont été produits à ce jour. Le programme a pour objectif de sensibiliser les contribuables de manière détendue, divertissante et non conflictuelle, en leur rappelant leur devoir de payer des impôts et en renforçant les connaissances et le civisme fiscal (encadré 21.2).

Le feuilleton jouit d'un scénario captivant qui transmet des messages exacts sur la fiscalité de manière engageante, ce qui parle aux téléspectateurs. Les épisodes illustrent de manière romancée comment l'ancien ordre de recouvrement inefficace et corrompu des impôts a changé, et montrent que le civisme fiscal finit par payer et qu'il est de la responsabilité de chacun de contribuer au développement local et national. Des acteurs talentueux, dont certains grands noms de l'industrie cinématographique nigériane (« Nollywood »), ont été choisis pour donner vie au scénario et l'interpréter de manière créative. Enfin, diverses chaînes de télévision régionales, nationales et d'États de la fédération ont été sélectionnées pour diffuser la série dans toutes les régions du pays.

Encadré 21.2. ***Un devoir impérieux* – Exemple : *Qui sème le vent récolte la tempête* (Saison 1, épisode 4)**

Sujet : Éducation des contribuables

Titre secondaire : L'ancien ordre a changé / On récolte ce que l'on sème

Synopsis

Grâce à la relation spéciale qu'il entretient avec une jeune femme du Service de la comptabilité, un jeune homme qui effectue son service civique de jeunesse, Gboyega Cole, découvre que l'entreprise pour laquelle il souhaite travailler après son service civique est coupable de fraude fiscale, en particulier à l'égard du Fonds fiduciaire pour l'éducation. Cette information ne devient cruciale qu'une fois que Gboyega se voit refuser un emploi par l'entreprise. Ironiquement, celle-ci a refusé de l'embaucher car le directeur le considérait comme un diplômé inexpérimenté. Non seulement la relation de Gboyega avec la femme qui l'intéresse est menacée, mais sa carrière l'est également. Il signale l'entreprise à l'Administration fiscale fédérale. Une enquête est ouverte et l'entreprise est reconnue coupable.

Source : Administration fiscale fédérale du Nigéria.

Une société de production professionnelle, Quest Communications, a été sélectionnée pour interpréter et transposer les messages sur les impôts sous une forme adaptée à un feuilleton télévisé. Quest Communications est devenu un partenaire clé de l'Administration fiscale fédérale du Nigéria. La société a apporté l'expertise technique requise pour mener à bien ce projet et a fourni divers autres services de soutien logistique, tandis que l'Administration fiscale fédérale du Nigéria a veillé à ce que les informations sur la fiscalité soient exactes et à ce que les messages soient transmis clairement aux téléspectateurs et contribuables.

Huit agents de l'Administration fiscale fédérale du Nigéria ont travaillé sur ce projet. Une section transversale regroupant les agents de différents services fiscaux y a également participé, en particulier pendant l'atelier qui a précédé l'élaboration du scénario. Au cours de la phase de production, des experts du recouvrement des impôts ont été mobilisés pour donner des conseils et vérifier le contenu.

L'initiative a coûté environ 80 millions NGN (environ 500 000 USD), financés entièrement par le budget de fonctionnement alloué à cet effet.

Impacts

- Élargissement de la portée. Avec une audience hebdomadaire de 50 millions de personnes, le feuilleton a sensibilisé les citoyens ordinaires à la fiscalité de manière très efficace. « Un devoir impérieux » a été visionné par 80 millions de citoyens au total dans tout le Nigéria.
- Renforcement des connaissances fiscales et d'un sentiment d'obligation morale. Les compétences de la population en matière de paiement des impôts ont été renforcées, de même que leur sentiment d'être moralement tenu de payer des impôts « de leur plein gré ». Le public estime que les autres contribuables payent leur juste part et qu'ils sont traités de manière équitable et transparente par l'administration fiscale.

Enseignements

Sous-traiter intégralement l'ensemble du processus de production a présenté à la fois des avantages et des difficultés. Le manque de contrôle sur la production a entraîné de nombreux problèmes imprévus, ainsi que des retards dans la programmation. La supervision étroite du processus de production par l'équipe de l'Administration fiscale fédérale du Nigéria et sa participation active ont permis de limiter ces problèmes.

L'Administration fiscale fédérale du Nigéria entend donner suite à ce programme. L'expérience acquise grâce à la première série devrait permettre de réaliser plus efficacement les futures productions, qui devraient exploiter divers angles et lignes de production.

Encadré 21.3. L'Administration fiscale fédérale du Nigéria

La mission principale de l'Administration fiscale fédérale du Nigéria est d'asseoir et de recouvrer les impôts et d'en rendre compte pour les autorités fédérales.

Dotée d'environ 150 bureaux à travers les six régions du Nigéria, l'Administration fiscale fédérale a pour mission de gérer un système d'imposition transparent et efficace qui optimise les recettes fiscales et les contributions volontaires. Elle a pour vision d'offrir aux contribuables des services de qualité en partenariat avec d'autres acteurs et de faire de la fiscalité le pivot du développement national.

Pour plus de renseignements, consulter :

Site internet : www.firs.gov.ng

Source : Administration fiscale fédérale du Nigéria.

Chapitre 22

Pérou : Une stratégie directrice pour l'éducation des contribuables

Direction nationale de l'administration fiscale

Ce chapitre présente le programme d'éducation des contribuables du Pérou. Il décrit d'abord les objectifs généraux du programme, suivi d'un point sur un élément spécifique, la stratégie directrice pour l'éducation des contribuables. Il examine par la suite l'impact et les leçons à tirer de l'initiative, suivie par un aperçu des prochaines étapes.

Comme pour beaucoup de pays en développement d'Amérique latine, les recettes nationales du Pérou ne permettent pas de couvrir les besoins de ses services publics, en particulier ceux destinés aux citoyens les plus démunis. Cela s'explique principalement du fait que de nombreuses personnes ne payent pas leurs impôts, soit délibérément pour ne pas dépenser de l'argent qu'elles préfèreraient garder pour elles, soit involontairement, en raison de malentendus ou d'un manque d'informations sur la nécessité de payer des impôts. De tels comportements sont directement liés à l'absence d'une éducation civique qui mettrait l'accent sur le respect de la loi, sur la valeur de l'intérêt général et sur la conviction selon laquelle la contribution de chacun est nécessaire.

En 2005, la Direction nationale de l'administration fiscale du Pérou (*Superintendencia Nacional de Administración Tributaria* ou SUNAT ; voir encadré 22.3) a indiqué que l'éducation des contribuables était une priorité institutionnelle cruciale d'incitation au changement. Une unité de gestion de la culture douanière et fiscale a été créée en décembre 2012 pour poursuivre et renforcer les activités d'éducation des contribuables.

L'éducation des contribuables au Pérou

Au Pérou, l'éducation des contribuables s'adresse à l'ensemble des citoyens, mais plus particulièrement aux jeunes et à leurs enseignants. L'objectif est de développer une stratégie d'éducation des contribuables durable. Elle repose actuellement sur deux projets principaux : l'enseignement de la culture fiscale dans les écoles et dans les établissements d'enseignement supérieur (encadré 22.1). Les agents de la Direction nationale de l'administration fiscale qui le souhaitent peuvent suivre une formation grâce à un cours en ligne intitulé « Sensibilisation au civisme à l'école ». Ce cours donne aux agents les outils pour faciliter et mettre en œuvre les programmes d'éducation des contribuables dans les établissements scolaires.

Encadré 22.1. Objectifs de l'éducation des contribuables au Pérou

- Promouvoir la discipline fiscale et douanière en facilitant le respect de ces obligations, en renforçant la sensibilisation fiscale et en exposant les contrevenants à des risques.
- Promouvoir le développement économique et l'inclusion sociale.
- Inculquer à la population des notions sur les finalités sociales des impôts, i.e. les avantages sociaux découlant du paiement des impôts.
- Sensibiliser les contribuables aux effets négatifs des infractions fiscales et douanières sur l'ensemble de la population.

Source : Direction nationale de l'administration fiscale.

La fiscalité est enseignée comme matière dans toutes les facultés d'éducation et fait partie des activités périscolaires ludiques et artistiques des écoles et des universités (encadré 22.2). Des efforts concertés ont été déployés pour renforcer les compétences des enseignants et leur engagement pour l'enseignement de cette matière, et des matériels pédagogiques sur l'éducation des contribuables ont été mis au point. Des concours de dissertation sur la fiscalité définissent les questions fiscales.

La Direction nationale de l'administration fiscale organise également une loterie de justificatifs de paiement pour les écoles, qui donne à des établissements d'enseignement des chances de remporter un prix de 300 000 USD en moyenne pour les aider à répondre à leurs besoins divers. Cette manifestation attire l'attention des enseignants, des étudiants et de leurs parents sur l'importance des justificatifs de paiement et a un effet dissuasif sur les activités économiques informelles. Une initiative similaire – Attestations scolaires – encourage les élèves de cinquième année des établissements secondaires de l'ensemble du pays à exiger des reçus lorsqu'ils achètent quelque chose ou demandent un service.

De manière plus générale, les médias modernes tels que les téléphones portables, les sites internet et les plateformes de médias sociaux sont utilisés pour sensibiliser le public et le tenir informé. Dans toutes ces initiatives, la Direction nationale de l'administration fiscale met tout en œuvre pour assurer des services d'excellente qualité.

Encadré 22.2. **Ayni, le manchot mascotte des impôts**

Ayni est un manchot de Humboldt, une espèce menacée. « *Ayni* » signifie « travail pour l'intérêt général » en quechua et ce personnage sert d'emblème aux activités fiscales destinées aux enfants. Un séminaire international sur l'éducation des contribuables organisé à Buenos Aires dans le cadre du programme EUROsociAL a incité la Direction nationale de l'administration fiscale à créer le parcours éducatif Ayni dans le principal zoo de Lima. Cette activité extrêmement populaire inculque aux enfants des notions sur la valeur des biens et des services publics, sur le rôle social des impôts et sur l'importance d'exiger des justificatifs de paiement. Le parcours a depuis été reproduit dans des écoles et des salons sur l'ensemble du territoire.

Pour plus de renseignements, voir : http://aulaprimaria.sunat.gob.pe/index.php/quien-es-ayni (en espagnol).

Source : Direction nationale de l'administration fiscale.

Focus : La stratégie directrice pour l'éducation des contribuables

La Direction nationale de l'administration fiscale avait déjà pris conscience qu'elle devait commencer par enseigner les avantages de l'imposition et du civisme à tous les enfants péruviens pour transmettre son message au public.

Pour cela, la fiscalité devait être intégrée dans le cursus scolaire. À cet effet, un partenariat à long terme a été noué avec le ministère de l'Éducation (qui concerne les établissements scolaires et les universités) et le secteur de l'enseignement général ainsi que d'autres institutions diverses.

Cette collaboration a débouché sur la signature d'un accord de coopération interinstitutionnelle avec le ministère de l'Éducation en juillet 2006 en vue d'intégrer la sensibilisation aux impôts dans les programmes scolaires des trois directions d'éducation de base du pays : les directions de la formation initiale, de l'enseignement primaire et de l'enseignement secondaire.

Cet accord n'était que la première étape d'un long processus évolutif d'adaptation des programmes scolaires nationaux. Entre temps, le ministère de l'Éducation et la Direction nationale de l'administration fiscale ont pris des mesures de grande envergure pour organiser la formation des enseignants sur l'importance de l'intégration des notions fiscales dans leurs programmes. Fin 2008, un changement imminent du programme scolaire national a été annoncé. Toutefois, en raison d'un remaniement des principaux responsables du ministère de l'Éducation, il a été nécessaire de convaincre une fois de plus la nouvelle équipe d'intégrer des notions fiscales dans le programme scolaire.

En 2009, au terme de ce long processus de délibération, la culture fiscale est devenue une matière obligatoire pour tous les élèves de la maternelle au secondaire. Cette même année, un cours a été élaboré pour garantir la qualité de l'enseignement des notions fiscales à la suite de la réforme du programme scolaire national. Depuis 2010, trois ateliers d'une demi-journée ont été organisés pour aider les enseignants à formuler des concepts à partir de leurs connaissances préalables. Ainsi, les sujets sont plus directement adaptés à chaque enseignant. En 2012, un cours en ligne a été ajouté. Un portail web a aussi été créé pour mettre des documents sur le sujet à la disposition de tous les enseignants et élèves de l'enseignement primaire et secondaire (www.cultura.sunat.gob.pe).

Outre ces activités stratégiques, la Direction nationale de l'administration fiscale a lancé depuis 2009 une gamme de mesures informelles pour les enfants et les élèves plus âgés afin de consolider les notions apprises en cours. Parmi ces mesures, on peut citer la loterie des justificatifs de paiement pour les écoles et le projet Attestations scolaires décrits plus haut.

Une équipe polyvalente de professionnels a été montée pour lancer le programme. La composition de l'équipe a évolué entre 2005 et 2012, oscillant entre 5 et 13 membres. Elle est dirigée par une coordinatrice, dont le rôle est de gérer l'ensemble de la planification à l'échelle nationale et de diffuser et de mettre au point tous les documents.

Étant donné que la prise de décision est décentralisée dans le secteur de l'éducation, la Direction nationale de l'administration fiscale a dû créer un réseau de coordination de son personnel sur l'ensemble du territoire pour appliquer et coordonner le programme d'éducation national à l'échelle régionale et locale.

Impacts

L'objectif des programmes d'éducation des contribuables est de faire évoluer les comportements sur le long terme ; en tant que tels, ils ne devraient pas être évalués de la même manière que les projets spécifiques à court terme qui visent un renforcement rapide de la discipline, par exemple. Une approche d'évaluation idéale, qui, espérons-le, sera employée à l'avenir, devrait porter exclusivement sur les domaines d'intervention et s'appuyer sur des données de base pour mesurer les progrès en direction des objectifs du ministère de l'Économie et des inances et de l'administration fiscale sur le moyen terme et sur le long terme. Une évaluation de l'attitude des enfants devrait être confiée au ministère de l'Éducation dans le cadre de ses fonctions.

- Sensibilisation d'un grand nombre d'enfants. Environ 8 millions d'élèves ont suivi ce cours dans des écoles maternelles, primaires et secondaires de l'ensemble du pays.
- Forte augmentation du nombre d'enseignants formés. Depuis 2008, la Direction nationale de l'administration fiscale a directement formé 14 935 enseignants.
- Possibilités d'apprentissage ludique. Plus de 200 000 enfants suivent à l'heure actuelle des parcours divertissants ou éducatifs et participent à des jeux de sensibilisation aux impôts.
- Prise de conscience du besoin de lutter contre le secteur informel. La loterie des justificatifs de paiement pour les écoles a attiré 3 864 établissements, qui ont appris à leurs communautés éducatives (parents, enseignants et élèves) à exiger des reçus de la part des commerçants afin de mettre un terme aux activités économiques informelles.

En 2011, l'initiative a obtenu une reconnaissance significative lorsqu'elle a été finaliste du Prix de bonne pratique de gestion publique. Cette compétition annuelle est organisée par « *Ciudadanos al Día* » au Pérou et bénéficie du soutien du Défenseur du Peuple. Elle vise à diffuser et à récompenser les bonnes pratiques du secteur public qui ont fait leurs preuves. L'initiative a également été finaliste dans la catégorie Impact sur le public, qui évalue l'ensemble des activités visant à impulser une dynamique citoyenne en vue d'améliorer le cadre institutionnel.

Enseignements

Le ministère de l'Éducation a généralement besoin de plus de temps que la Direction nationale de l'administration fiscale pour prendre des décisions, car les nouveaux contenus destinés aux enfants doivent être évalués, examinés et éprouvés. Si la signature de l'accord a eu des effets bénéfiques considérables, la persévérance, la créativité et les efforts constants de la Direction nationale de l'administration fiscale ont également été nécessaires pour soutenir le mouvement en faveur d'une prise de décision sur l'intégration des notions fiscales dans les programmes scolaires du pays.

Un autre problème était que les professeurs formés par la Direction nationale de l'administration fiscale n'enseignaient pas les notions fiscales de manière cohérente en classe. Cela a été constaté lors de la présentation de projets réalisés par les élèves.

Étant donné que ses résultats ne se mesurent que sur le moyen ou le long terme, l'éducation des contribuables n'est pas toujours considérée comme une priorité institutionnelle, malgré sa présence formelle dans tous les objectifs et indicateurs. C'est pourquoi des efforts continus sont nécessaires pour encourager la sensibilisation dans les autorités internes et externes. Plus particulièrement, le sujet doit être institutionnalisé par le ministère de l'Économie et des Finances et les administrations fiscales afin d'éviter une régression, une réduction des effectifs et une discontinuité du programme.

Étapes suivantes

En 2013, un nouvel objectif stratégique institutionnel – la gestion de la sensibilisation fiscale et douanière des citoyens – s'est traduit par la création d'une unité de gestion de la culture douanière et fiscale.

Encadré 22.3. **Direction nationale de l'administration fiscale du Pérou**

La Direction nationale de l'administration fiscale du Pérou est un organe technique spécialisé du ministère de l'Économie et des Finances. Elle dispose de l'autonomie de fonctionnement ainsi que de son propre budget technique, économique, financier et administratif. Sa mission est de promouvoir la discipline fiscale et douanière en facilitant le respect de ces obligations, en renforçant la sensibilisation fiscale et en exposant les contrevenants à des risques. Elle repose sur la gestion de processus intégrés, sur l'usage intensif de la technologie et sur une équipe engagée, unie et compétente capable d'assurer des services d'excellente qualité. La Direction nationale de l'administration fiscale du Pérou compte 12 000 agents et ses bureaux sont présents dans tous les grands centres urbains, à travers les 26 régions du pays.

Pour plus de renseignements, consulter :

Site internet sur l'éducation des contribuables : http://cultura.sunat.gob.pe

Facebook : www.facebook.com/CulturaAduaneraTributaria

Adresse électronique : educa@sunat.gob.pe

Source : Direction nationale de l'administration fiscale.

Chapitre 23

Rwanda : Le contribuable à l'honneur

Office rwandais des recettes

Ce chapitre présente le programme d'éducation des contribuables du Rwanda. Il décrit d'abord les objectifs généraux du programme, suivi d'un point sur un élément spécifique, la Journée du contribuable, les clubs des amis de l'impôt et les conseils consultatifs fiscaux. Il examine par la suite l'impact et les leçons à tirer de l'initiative, suivie par un aperçu des prochaines étapes.

En 1997, le gouvernement rwandais a mis en œuvre un programme de réformes pour rétablir et consolider les principales institutions économiques du pays au lendemain du génocide dévastateur de 1994. Ces réformes visaient notamment à reconstruire l'administration fiscale, à rétablir les procédures d'élaboration et d'exécution du budget et de responsabilisation budgétaire, et à renforcer les capacités relatives au budget et à la gestion de l'économie. L'Office rwandais des recettes (ORR ; voir encadré 23.2) a été créé dans le cadre de ce processus afin de doter la nation de moyens d'action pour percevoir des recettes.

L'éducation des contribuables au Rwanda

L'éducation des contribuables relève principalement du Département chargé des services aux contribuables de l'ORR, qui cherche à entretenir des relations mutuellement bénéfiques avec les acteurs extérieurs en s'appuyant sur divers services destinés aux contribuables (encadré 23 .1). Parmi ceux-ci, on peut citer l'éducation de la clientèle et les relations publiques, qui sont principalement gérées par les divisions de l'éducation des contribuables et des médias du département. L'administration de l'ORR s'étend jusqu'au niveau des districts afin de faciliter le paiement des impôts à l'échelle locale.

Encadré 23.1. **Objectifs de l'éducation des contribuables au Rwanda**

- Promouvoir le civisme fiscal avec des programmes d'éducation des contribuables efficaces et des services clients de qualité.
- Optimiser la prestation des services grâce à des méthodes privilégiant le dialogue entre les départements et le travail d'équipe.
- Sensibiliser les contribuables aux dispositifs et initiatives de l'ORR à l'aide d'activités stratégiques de relations publiques et d'une culture de prise en charge de la clientèle

Source : Office rwandais des recettes.

Après sa création en 1997, le premier défi de l'ORR fut de faire en sorte que la population fasse confiance au gouvernement pour recouvrer les impôts de manière équitable et efficace – et pour investir ces recettes dans l'intérêt supérieur de la population. Sous le slogan « Des impôts pour la croissance et le développement », l'ORR a lancé à partir de 1998 une série d'initiatives pour informer les Rwandais de l'importance des impôts pour le développement du pays et les mobiliser à cet égard. Celles-ci ont mis en avant les investissements du gouvernement pour le développement afin de montrer comme les impôts apportent les ressources nécessaires aux infrastructures et services publics qui servent les intérêts de la population.

Cette campagne a changé ses orientations trois fois depuis 1998 :

Première phase (1998-2001) : Les premières actions se concentraient sur le renforcement des capacités au sein même de l'ORR, le lancement de la marque ORR et la création d'un sentiment de confiance chez les contribuables et dans la population en général. Durant cette phase, l'ORR a employé des approches conventionnelles, comme la distribution de brochures et de tracts, ainsi que des initiatives innovantes telles que l'organisation de débats (à la télévision et à la radio) et de réunions informelles et le lancement de la populaire Journée du contribuable (décrite ci-après). Des activités et des événements ont été programmés à l'échelle nationale et régionale.

Deuxième phase (2002-06) : L'un des tournants majeurs de l'évolution de l'ORR a été le lancement de son programme de modernisation en 2003. À l'origine, l'ORR s'articulait autour de départements chargés des différents types d'impôts, mais il a été restructuré en 2003 pour adopter une approche plus fonctionnelle regroupant les services aux contribuables et mettant en place un système de guichet unique. Pour améliorer les connaissances fiscales du public, l'ORR a conçu des initiatives plus interactives mettant davantage l'accent sur le dialogue avec les citoyens et les contribuables. Ainsi, les clubs des amis de l'Impôt (décrits ci-après) ont vu le jour dans des établissements d'enseignement tels que des lycées afin de transmettre une culture de sensibilisation fiscale aux citoyens dès leur jeunesse.

Troisième phase 3 (2006 à ce jour) : Cette phase s'est traduite par une volonté d'améliorer l'accès de la population aux services fiscaux, de renforcer les relations avec les différentes catégories de contribuables et d'imposer l'idée d'un développement d'une culture fiscale chez les jeunes. À cette fin, le ministère de l'Éducation a créé un programme d'enseignement sur la fiscalité en partenariat avec l'ORR et l'Université nationale du Rwanda. Ce partenariat est orienté par un mémorandum d'accord sur la coopération et le renforcement des capacités conclu avec l'Université nationale du Rwanda.

De nos jours, l'éducation des contribuables comprend les activités suivantes :

- diffusion d'informations juridiques et techniques sur les impôts en des termes faciles à comprendre, par exemple à l'aide de centres d'information sur les impôts conçus pour répondre aux besoins spécifiques de la clientèle ; participation à des manifestations publiques telles que des salons ou des expositions, ainsi qu'à la Journée annuelle du contribuable (voir ci-après)
- conception et mise en œuvre de programmes complets d'éducation des contribuables portant sur l'importance des impôts, le rôle des contribuables, les incitations fiscales et l'enregistrement des contribuables
- amélioration de l'image de l'ORR en renforçant la responsabilité sociale de l'entreprise
- finalisation de la mise en place de conseils consultatifs fiscaux (voir ci-après) au niveau des districts
- rédaction dans un style simple et clair d'informations et de directives à l'intention des contribuables et du grand public, y compris sur les réformes fiscales
- production d'émissions de promotion à la radio et à la télévision en utilisant l'art dramatique comme un outil de sensibilisation du grand public aux questions fiscales
- centralisation des plaintes des contribuables et des partenaires à l'aide de boîtes à idées
- suivi des activités des clubs des amis de l'Impôt dans les établissements secondaires et création de nouveaux clubs dans des établissements d'enseignement supérieur

- amélioration des compétences du personnel du Département chargé des services aux contribuables
- accélération du traitement des plaintes et des retours d'informations à l'aide d'un centre d'appel et d'un site internet
- contrôle de la prise en charge des clients au sein du département opérationnel de l'ORR et d'autres départements.

La Fédération rwandaise du secteur privé est un partenaire clé de l'éducation des contribuables. Un Forum sur les questions fiscales a aussi été créé pour permettre aux entreprises et à l'administration fiscale de débattre de sujets nécessitant une attention particulière de la part des deux parties.

Focus : La Journée du contribuable, les clubs des amis de l'impôt et les conseils consultatifs fiscaux

La Journée du contribuable est une manifestation annuelle d'une journée célébrée dans tout le Rwanda. Conscient de l'importance cruciale d'un engagement politique constant et de haut niveau pour l'éducation des contribuables, le Président de la République du Rwanda préside cet événement. Cela permet de renforcer les liens entre la fiscalité et le développement national, de favoriser le civisme fiscal et de créer un sentiment de confiance à l'égard de l'ORR. En tant qu'invité d'honneur, le Président rwandais décerne des prix aux meilleurs contribuables du pays – par exemple, ceux qui règlent leurs impôts dans les délais ou correctement – de la tranche d'imposition la plus élevée, ainsi que ceux disposant de revenus faibles ou intermédiaires. Au cours de la semaine précédant la Journée du contribuable, diverses activités axées sur la responsabilité sociale de l'entreprise sont organisées, dont des rencontres avec les contribuables et les parties prenantes. Un rapport sur cette manifestation est publié et présente le volume des recettes fiscales, les succès de l'ORR et les défis auquel celui-ci est confronté. Cette initiative rencontre un franc succès et l'idée est désormais adoptée par d'autres pays de la Communauté d'Afrique de l'Est ou d'ailleurs.

Les clubs des amis de l'impôt étaient à l'origine conçus pour les lycées, mais ils ciblent désormais les établissements d'enseignement supérieur tels que les universités. Dans le cadre de ce programme, les agents de l'ORR se rendent dans des établissements scolaires pour des séances de deux heures, au cours desquelles ils expliquent comment le pays dépense les recettes fiscales et quelles sont les retombées pour les étudiants et les diverses lois fiscales du Rwanda, puis répondent à des questions sur ces sujets. Les agents de l'ORR encouragent les étudiants à discuter avec leurs amis, leurs familles et leurs entreprises des questions abordées. En outre, l'ORR offre des stages dans ses bureaux pour récompenser les étudiants, attribue des bourses de recherche et organise des concours de dissertation. Ces initiatives contribuent toutes à développer une culture de paiement des impôts chez les jeunes générations ainsi qu'à inculquer de meilleures connaissances sur les impôts et les finances personnelles chez les jeunes.

Les conseils consultatifs fiscaux ont été créés en 2000 et ont depuis été étendus aux 30 districts du Rwanda. Les conseils, qui se réunissent chaque trimestre, se composent de personnalités sectorielles influentes au niveau des *imidugudu* (unité administrative correspondant à un quartier ou à un village) et sont présidés par le maire local. Ces conseils consultatifs fiscaux ont permis d'encourager les citoyens à prendre part à la lutte contre la corruption et la contrebande, de sensibiliser les contribuables à la nécessité de payer des impôts dans les délais et au rôle des impôts dans le développement, et d'élargir l'assiette fiscale. En collaborant avec les administrations locales, les conseils apportent leur concours au processus de décentralisation fiscale et contribuent à diversifier les parties prenantes afin que les intérêts commerciaux ne priment pas.

Impacts

- Hausse des recettes fiscales. Les recettes fiscales ont considérablement augmenté au cours de la dernière décennie, passant de moins de 10 % du produit intérieur brut (PIB) en 2000 à un niveau estimé à 14 % en 2013 (BAD, 2011). Qu'un lien de causalité existe ou non entre l'éducation des contribuables et les recettes fiscales, il semblerait que le civisme fiscal et la légitimité de l'ORR aux yeux de la population soient en train de se renforcer.
- Amélioration de l'opinion. L'ORR reconnaît que sa capacité à s'acquitter de ses fonctions est déterminée partiellement par des facteurs extérieurs, notamment l'opinion des contribuables (Land, 2004). Toutefois, il influe dans une certaine mesure sur cette opinion. La détermination du gouvernement rwandais à engager des dépenses pour le développement contribue à lever les réticences des citoyens à payer des impôts. « Une vache par ménage pauvre » et « Un ordinateur portable par enfant » sont de bons exemples de programmes populaires. Les attitudes positives inculquées par ces programmes permettent à leur tour de créer des recettes pour d'autres investissements de ce type.

Enseignements

L'ORR considère l'éducation des contribuables comme un chantier en cours et expérimente constamment de nouvelles approches et développe celles qui s'avèrent efficaces. D'autres activités outre celles énumérées plus haut sont la conception de bandes dessinées (s'inspirant d'un projet de l'Administration fiscale sud-africaine) et l'organisation d'un Forum sur les questions fiscales, à l'occasion duquel l'ORR et des cadres supérieurs du secteur privé se réunissent pour débattre de questions fiscales d'intérêt général. Des difficultés apparaissent toutefois, notamment en ce qui concerne la mobilisation des principaux acteurs, dont les entreprises et la société civile, la sensibilisation des résidents des zones rurales et la participation des petites et moyennes entreprises, compte tenu de l'importance du secteur informel au Rwanda (Land, 2004).

Encadré 23.2. **Office rwandais des recettes**

L'Office rwandais des recettes a été créé en 1997 sous forme d'organe quasi-autonome. Sa mission est de mobiliser des recettes pour le développement économique grâce à des services efficaces et équitables qui favorisent la croissance des activités commerciales. L'ORR a pour vision de devenir une agence fiscale de renommée mondiale, efficace et moderne, capable de financer intégralement les besoins de la nation.

Il a pour responsabilités :

- d'asseoir et de recouvrer les impôts, droits de douanes et autres recettes spécifiées et d'en rendre compte en s'appuyant sur une administration efficace et sur l'application des lois fiscales
- de percevoir les recettes non fiscales
- de donner des conseils au gouvernement sur la politique fiscale en ce qui concerne la perception des recettes
- d'exercer d'autres fonctions liées à l'administration fiscale selon les instructions du Conseil des ministres
- d'aider les contribuables à comprendre leurs obligations fiscales et à s'en acquitter.

Le nouveau logo de l'ORR – une rose verte, bleue et orange – symbolise les trois valeurs principales de l'Office : unité et équité, croissance et développement, et prospérité. Ce logo reflète le changement d'attitude et d'approche des agents de l'administration fiscale à l'égard des contribuables en ce qui concerne la prestation des services, les possibilités et les meilleures pratiques.

Pour plus de renseignements, consulter :

www.rra.gov.rw

Source : Office rwandais des recettes.

Références

BAD (2011), *Domestic Resource Mobilisation for Poverty Reduction in East Africa: Lessons for Tax Policy and Administration*, Banque africaine de développement, Tunis, disponible sur :

www.afdb.org/fileadmin/uploads/afdb/Documents/Project-and-Operations/Domestic%20Resource%20Mobilisation%20Flagship%20Report.pdf.

Land, A. (2004), « Developing capacity for tax administration: The Rwanda Revenue Authority », *ECDPM Discussion Paper*, No. 57D, Centre européen de gestion des politiques de développement, Maastricht, disponible sur :

http://ecdpm.org/publications/developing-capacity-tax-administration-rwanda-revenue-authority.

Chapitre 24

Sénégal : Journées nationales d'information

Direction générale des impôts et des domaines

Ce chapitre présente le programme d'éducation des contribuables du Sénégal. Il décrit d'abord les objectifs généraux du programme, suivi d'un point sur un élément spécifique, les journées nationales d'information. Il examine par la suite l'impact et les leçons à tirer de l'initiative, suivie par un aperçu des prochaines étapes.

Le gouvernement sénégalais est conscient des défis considérables auxquels est confronté son pays sur le plan de la perception de recettes et de la promotion des investissements pour le développement. Il a récemment entrepris une réforme globale du Code général des impôts (CGI) en vue de bâtir un système d'imposition plus équitable, plus simple et plus efficace, en gardant à l'esprit qu'un système fiscal peut soit favoriser le progrès, soit y faire obstacle. Le nouveau Code général des impôts (loi 2012-31) adopté fin 2012 a pour objet de promouvoir le bien-être général, de rendre le système d'imposition plus favorable à la promotion des investissements et d'accroître son efficacité dans la mobilisation des recettes. Il prévoit notamment des réductions générales des impôts et des mesures pour élargir l'assiette d'imposition en assimilant l'économie informelle.

Informer les contribuables actuels et potentiels du contenu du nouveau code des impôts est un défi de taille qu'une forte présence en ligne de qualité permet de surmonter (encadré 24.1). En 2013, la Direction générale des impôts et des domaines (DGID, consulter encadré 24.3) a mis en ligne une version actualisée de son site internet dotée d'un nouveau logo qui propose de nouveaux renseignements et outils en ligne. Elle a également donné un nouveau souffle à ses initiatives d'éducation des contribuables existantes, en particulier les fameuses journées nationales d'information.

L'éducation des contribuables au Sénégal

Il n'existe pas d'unité dédiée à l'éducation des contribuables au sein de la DGID ; ses nombreuses activités dans ce domaine sont mises en œuvre par le Bureau de la communication et des relations avec le public en collaboration avec d'autres services, avec le soutien d'agents locaux de la DGID si nécessaire.

Encadré 24.1. **Objectifs de l'éducation des contribuables au Sénégal**

- Améliorer la qualité des services fournis aux usagers, en particulier sur le plan de la réception des demandes et de la sensibilisation.
- Accroître la part de citoyens payant des impôts.
- Donner aux citoyens les moyens de participer aux débats sur l'utilisation des recettes fiscales.
- Renforcer les connaissances des citoyens en ce qui concerne la fiscalité.

Source : Direction générale des impôts et des domaines.

L'éducation des contribuables vise le secteur des entreprises (grandes et moyennes) et les contribuables particuliers. Cependant, cette initiative a également pour objet de s'adresser au secteur informel et à la jeunesse sénégalaise.

À cette fin, l'une de ses principales stratégies consiste à organiser des journées nationales et régionales d'information ainsi que des séminaires et des ateliers, et à participer à des manifestations telles que la Foire internationale de Dakar. Un Master en fiscalité a également été mis en place en collaboration avec l'Université Cheikh Anta Diop de Dakar et des rencontres ont été organisées avec des groupes de contribuables suivant leurs secteurs. La DGID a aussi reconnu l'importance d'une forte présence médiatique et tire parti des médias de masse tels que la radio (en français et dans les langues nationales), la télévision et les journaux du pays ainsi que d'une campagne de presse de trois semaines (précédant la date limite de déclaration des impôts). Des informations sont également communiquées au public grâce au site internet, dont le simulateur d'impôts a été utilisé très fréquemment depuis la récente réforme fiscale. Les bureaux locaux de la DGID lancent aussi des activités d'éducation des contribuables : ainsi, le centre des services fiscaux de la ville de Fatick a collaboré avec une école locale pour sensibiliser la population et promouvoir le civisme fiscal (encadré 24.2).

Encadré 24.2. **Introduire la fiscalité dans les écoles**

Le dimanche 9 décembre 2012, s'est déroulé à Fatick sous l'égide du CSF de ladite ville en collaboration avec le CEM Khar Ndoffène Diouf, une « randonnée fiscale » à travers les artères de la ville. C'était pour célébrer le cinquantenaire de l'établissement. Une occasion saisie par les agents du CSF, le personnel et les élèves du CEM pour arpenter sur une distance de près de 6 km les rues de Fatick avec une forte sonorisation pour sensibiliser les populations de Fatick sur le civisme fiscal.

Sur les tee-shirts arborés par les randonneurs, on pouvait lire : « Payer un impôt, c'est construire une école, payer un impôt, c'est construire un hôpital, payer un impôt, c'est construire mon pays ».

Dans une allocution au marché central de Fatick, le chef de centre, M. Daouda Badio, n'a pas manqué de souligner l'importance et la nécessité pour chaque citoyen de s'acquitter de ses obligations fiscales. M. Badio a en outre saisi l'occasion pour rappeler aux Fatickois le devoir d'exemplarité qui est le leur afin d'aider un ancien élève du CEM Khar Ndoffène Diouf, le Président de la République en l'occurrence, dans sa mission de bâtir le pays. À sa suite, le principal du CEM a abondé dans le même sens avant de passer la parole à M. Faye, professeur au CEM pour reprendre les mêmes propos en langue sérère.

La randonnée a pris fin aux environs de 12 heures à son point de départ, c'est-à-dire au CEM Khar Ndoffène Diouf, où un exposé beaucoup détaillé sur les différentes missions du CSF, notamment en ce qui concerne les domaines spécifiques des Domaines, de la Conservation, du Cadastre et de la Fiscalité a été fait par le Chef du CSF et ses collaborateurs.

Source : Impôt & Domaines (2013), *Impôts & Domaines*, revue trimestrielle, n° 12, janvier-mars 2013.

Source : Direction générale des impôts et des domaines.

Focus : Les Journées nationales d'information

La DGID a lancé l'initiative des journées nationales d'information en 2008 en réponse au manque général de connaissances sur la réglementation fiscale et à la réticence des citoyens à obéir aux agents de l'administration fiscale. Ces manifestations annuelles durent généralement trois jours (entre les mois de mai et juin) et sont organisées par chaque bureau régional afin de répondre aux besoins et préoccupations de leurs usagers.

Dans une économie caractérisée par un vaste secteur informel, l'initiative a pour objet d'élargir l'assiette d'imposition en facilitant le civisme fiscal, aussi bien sur le plan de la déclaration que du paiement des impôts. Le secteur informel rassemble un grand nombre de personnes qui n'ont pas forcément été scolarisées et ne sont pas enregistrées dans les fichiers de l'administration fiscale. L'initiative vise également les contribuables particuliers, les entreprises privées ou publiques de toutes tailles, la jeunesse sénégalaise et les propriétaires fonciers.

Un certain nombre d'activités diverses figurent au programme des trois journées d'information, telles que des conférences publiques et des stands d'information, qui permettent aux agents de l'administration fiscale de recevoir, d'informer et d'orienter les contribuables. Des journaux nationaux, des émissions de radio interactives, des programmes de télévision en français et dans des langues locales et des unités fiscales mobiles y participent également. En outre, des rencontres avec les représentants des contribuables et entre les administrations fiscales locales et leurs contribuables sont organisées.

Le coup d'envoi des journées nationales d'information est donné lors d'une cérémonie d'ouverture officielle organisée dans la capitale, Dakar, et présidée par le ministre de l'Économie et des Finances, ce qui témoigne du haut niveau d'engagement politique du gouvernement sénégalais à l'égard de la DGID et de son action. Dans le cadre de ces journées, des stands d'information sont déployés dans des espaces publics et des émissions de radio et des rencontres entre le Directeur général de la DGID et des contribuables sont organisées, à la suite de quoi une cérémonie de clôture a lieu.

Cette année (2013) a marqué la sixième édition des journées d'information. Étant donné l'importance accrue de ces journées du fait de l'entrée en vigueur d'un nouveau code des impôts, un comité d'organisation central a été mis en place pour optimiser la diffusion et la participation.

Un certain nombre de partenaires participent à l'initiative afin d'atteindre différents groupes de citoyens et de contribuables. Parmi ces partenaires figurent des médias, des organisations professionnelles, la société civile, des établissements scolaires et des universités, en particulier l'Université Cheikh Anta Diop.

Les journées d'information ont mobilisé 30 agents dans la ville de Dakar (20 à l'échelle locale et 10 à l'échelle nationale). Il n'existe pas de formation spécialisée pour ces agents. Une partie du coût total des activités des journées nationales d'information est financée séparément, et l'autre partie est couverte par le budget de fonctionnement alloué à cet effet par le Bureau de la communication et des relations avec le public.

Impacts

Si aucune évaluation formelle extérieure n'a été faite, l'impact de l'initiative est mesuré grâce aux retours des visiteurs des stands d'information et des appels téléphoniques.

- Renforcement de la sensibilisation des contribuables. L'initiative cherche à cibler autant de citoyens que possible. Étant donné que des médias de masse y participent, il est difficile d'estimer combien de personnes sont sensibilisées. Néanmoins, l'initiative est considérée comme un moyen efficace de sensibilisation du public à la nouvelle réforme fiscale. Les connaissances fiscales se sont sensiblement améliorées (i.e. compétences pour s'acquitter des impôts).
- Renforcement de la confiance. Une opinion plus saine se fait jour, selon laquelle les contribuables sont traités de manière équitable et transparente par l'administration fiscale.
- Augmentation de la demande de renseignements. Les contribuables sont désormais plus enclins à venir demander des informations aux services.

- Renforcement du civisme fiscal. Le civisme fiscal s'est renforcé dans une certaine mesure ces cinq dernières années.

Enseignements

Le principal enseignement tiré de cette initiative est que les journées nationales d'information sont une plateforme permettant d'organiser des débats publics dans un cadre positif. Elles sont entièrement axées sur la question de l'impôt et de son rôle dans la société.

L'engagement personnel du Directeur général a permis de surmonter certaines difficultés.

Le financement de telles manifestations est toujours délicat, bien que la couverture partielle du coût des journées d'information par des fonds privés extérieurs ait permis de résoudre le problème.

Étapes suivantes

Dans l'ensemble, l'envergure et la portée de l'initiative se sont étendues dans une certaine mesure. En particulier, un certain nombre d'innovations ont été lancées au cours de la manifestation en 2013, comme l'organisation de rencontres des contribuables et le déploiement de stands d'information dans des espaces publics très fréquentés. D'autres améliorations sont prévues, telles que des journées thématiques à l'intention des organisations professionnelles.

Encadré 24.3. **Direction générale des impôts et des domaines**

La Direction générale des impôts et des domaines (DGID) est la principale administration fiscale du Sénégal, dirigée par le Directeur général. La DGID supervise tous les domaines de la fiscalité, y compris l'administration foncière, l'utilisation des terres et les affaires cadastrales.

La priorité de l'organisation est de rendre le civisme fiscal plus simple et accessible aux yeux du public. Dans ce but, des efforts considérables ont été déployés pour maintenir une forte présence en ligne bien présentée grâce à son site internet, qui propose des formulaires fiscaux téléchargeables et un simulateur d'impôt en ligne.

Pour plus de renseignements, consulter :

www.impotsetdomaines.gouv.sn

Source : Direction générale des impôts et des domaines.

Référence

Impôt & Domaines (2013), *Impôt & Domaines*, trimestrial magazine, No. 11, Jan-March 2013.

Chapitre 25

Singapour : Service de dispense de déclaration

Administration fiscale de Singapour

Ce chapitre présente le programme d'éducation des contribuables du Singapour. Il décrit d'abord les objectifs généraux du programme, suivi d'un point sur un élément spécifique, le service de dispense de déclaration. Il examine par la suite l'impact et les leçons à tirer de l'initiative, suivie par un aperçu des prochaines étapes.

La structure de l'Administration fiscale de Singapour (IRAS ; voir encadré 25.2) s'articule autour de deux thèmes : la clientèle et les capacités. Les Divisions de la gestion fiscale répondent aux besoins des clients et sont chargées de mettre en œuvre des initiatives centrées sur le client et de renforcer les capacités techniques. Les Services centralisés s'occupent des capacités des processus et plus particulièrement de la mise en œuvre de processus généraux ou spécialisés suivant les différents types d'impôts. Enfin, les Divisions institutionnelles assurent la coordination et le développement de l'ensemble de l'organisation.

L'éducation des contribuables à Singapour

Le Service de la communication institutionnelle, l'Unité de gestion des services aux contribuables et les Divisions de la gestion fiscale coopèrent pour offrir en temps utile des services d'éducation des contribuables efficaces. Le Service de la communication institutionnelle est responsable des stratégies éducatives destinées aux contribuables et au public en général (encadré 25.1). L'Unité de gestion des services aux contribuables supervise quant à elle la conception et le développement de supports en ligne sur l'éducation des contribuables à l'aide de plates-formes électroniques et mobiles. Enfin, les Divisions de la gestion fiscale s'attachent à mobiliser et à éduquer des groupes spécifiques de contribuables.

Encadré 25.1. **Objectifs de l'éducation des contribuables à Singapour**

- Veiller à ce que les contribuables payent leur juste part d'impôts.
- Renforcer le civisme fiscal.

Source : Administration fiscale de Singapour.

Les procédures de déclaration et de calcul des impôts, les services aux contribuables et les programmes éducatifs diffèrent suivant les besoins des groupes spécifiques de contribuables. L'Administration fiscale de Singapour classe les contribuables en quatre catégories principales suivant leurs diverses obligations fiscales :

- contribuables redevables de l'impôt sur le revenu des personnes physiques
- contribuables redevables de l'impôt sur les sociétés
- entreprises redevables de la taxe sur les produits et services
- propriétaires fonciers.

L'Administration fiscale de Singapour mène un certain nombre d'activités en vue d'éduquer le public et de l'inciter à collaborer avec l'administration fiscale. Parmi celles-ci, on peut citer les séminaires suivants :

Dispositif d'auto-inscription (*Auto-inclusion Scheme*, AIS) pour les revenus provenant d'activités salariées. Les employeurs bénéficiant de ce dispositif doivent simplement communiquer des informations sur les salaires de leurs employés à l'Administration fiscale de Singapour par voie électronique. Des séminaires sont organisés pour les employeurs qui ne bénéficient pas encore de ce dispositif ou les sociétés et entreprises récemment enregistrées. Ces séminaires donnent une vue d'ensemble du dispositif d'auto-inscription et présentent les différents modes de compilation des informations sur les revenus des employés et de communication de ces données par voie électronique à l'Administration fiscale de Singapour.

- Impôt sur les sociétés. Les participants au séminaire sont informés des obligations fiscales générales des sociétés et apprennent comment bénéficier de dispositifs fiscaux courants, notamment le dispositif de crédit pour la productivité et l'innovation (*Productivity and Innovation Credit*, PIC). Les participants apprennent également à calculer leurs impôts et à remplir une déclaration d'impôt sur le revenu à l'aide du formulaire C-S, un court formulaire de déclaration de trois pages destiné aux petites entreprises.
- Présentation de la taxe sur les produits et services (TPS). Ce séminaire s'adresse aux entreprises qui se sont récemment enregistrées pour payer la TPS. Les entreprises qui se sont volontairement enregistrées pour s'acquitter de la TPS doivent participer au séminaire dans un délai de trois mois à compter de leur inscription.

L'apprentissage en ligne figure également au nombre des activités :

- Le portail d'apprentissage en ligne met à la disposition des contribuables des cours en ligne pratiques qu'ils peuvent consulter à tout moment et suivre à leur rythme. Les cours abordent des sujets allant de l'utilisation des services en ligne courants à une introduction aux impôts. Chaque cours est conçu pour être interactif et facile à comprendre grâce à l'utilisation de la vidéo et de l'audio.
- Le Service volontaire de télédéclaration est un programme annuel d'envergure nationale qui permet à l'Administration fiscale de Singapour de mobiliser des membres de la société et de leur dispenser une formation en vue d'aider les contribuables à faire leurs déclarations en ligne. Les volontaires sont notamment des étudiants, des personnes exerçant une activité professionnelle, des parents au foyer ou des retraités. Dans le cadre de ce programme, l'Administration fiscale de Singapour a travaillé avec 1 400 volontaires pour aider 49 000 contribuables à télédéclarer leurs impôts depuis 2003.

L'Administration fiscale de Singapour utilise différents moyens pour faire connaître ses services au public. Elle mobilise et éduque les contribuables grâce à une large gamme de médias, tels que son site internet, Twitter, Facebook, des articles de journaux et des publicités. Le Groupe d'opinion des contribuables est composé de représentants d'associations professionnelles et commerciales et de particuliers issus de secteurs divers ; son avis sur de nouveaux services ou des propositions d'impôts est sollicité chaque trimestre. Des discussions avec le public sur des dispositifs fiscaux spécifiques sont également organisées pour recueillir des avis sur divers aspects des lois fiscales. Un consultant externe réalise des sondages bisannuels pour connaître l'opinion des contribuables sur leurs interactions avec l'Administration fiscale de Singapour et leurs exigences pour l'avenir.

Focus : Le service de dispense de déclaration (*No-Filing Service*)

L'Administration fiscale de Singapour a lancé le service de dispense de déclaration en 2007 pour que les contribuables puissent s'acquitter de leurs obligations fiscales plus facilement et à moindre coût. La dispense de déclaration permet aux contribuables de ne pas déclarer leurs impôts si leurs employeurs ont déjà communiqué leurs salaires

à l'Administration fiscale et s'ils demandent le même ensemble de déductions fiscales personnelles chaque année. Ces contribuables reçoivent simplement une lettre ou un SMS les informant qu'ils ont été sélectionnés pour bénéficier d'une dispense de déclaration et n'ont pas besoin de déclarer leurs impôts, sauf s'ils ont des revenus supplémentaires à déclarer ou si leurs demandes d'abattements ont changé. Leurs relevés d'imposition leur sont directement adressés.

L'Administration fiscale de Singapour a commencé à évoquer la question du service de dispense de déclaration avec les contribuables pendant la phase de conception pour sensibiliser les citoyens à cette nouvelle approche et la leur faire accepter. Pour mesurer la réceptivité des contribuables et répondre à toute préoccupation, l'Administration fiscale de Singapour a cherché à obtenir des retours grâce à diverses instances de concertation, dont le Groupe d'opinion des contribuables. Les contribuables ont également eu la possibilité d'exprimer leurs préoccupations au sujet de la nouvelle initiative au cours des trois séances du Groupe de discussion des contribuables, et leurs opinions ont été prises en compte pour le lancement définitif du service de dispense de déclaration. Le Groupe de discussion des contribuables rassemblait un échantillon représentatif de contribuables issus de milieux divers.

Une campagne publicitaire nationale reposant notamment sur des articles de journaux et des courriers adressés aux contribuables a été lancée pour sensibiliser le public au service de dispense de déclaration et l'aider à le comprendre. Les contribuables ont reçu une lettre expliquant ce qu'était le service de dispense de déclaration et une liste de questions fréquemment posées, et une ligne d'assistance téléphonique et une adresse électronique spéciales ont été créées pour répondre aux questions à ce sujet.

La mise en œuvre du service de dispense de déclaration n'a exigé que des modifications mineures du système informatique de sorte que le groupe de contribuables bénéficiant de ce service ne reçoive pas de formulaires de déclaration d'impôts ; le coût des réunions et de la campagne publicitaire ont été couverts par le budget de fonctionnement courant. Seulement deux agents supplémentaires ont été nécessaires pour s'occuper de la ligne d'assistance téléphonique et de l'adresse électronique dédiées à ce service. Tous les agents en contact direct avec le public ont reçu une formation pour traiter les demandes relatives au service de dispense de déclaration.

Impacts

- Adhésion significative des contribuables au service de dispense de déclaration. Le service de dispense de déclaration s'adressait à ses débuts à un groupe pilote de 45 000 contribuables en 2007 ; à l'exercice fiscal 2013, le service s'était étendu à 1.13 million de contribuables.
- Avantages pour les contribuables et pour l'Administration fiscale de Singapour. La part importante de contribuables dispensés de déclaration réduit la charge du système de télédéclaration et permet d'offrir un meilleur service à ces usagers qui n'ont pas besoin de se connecter.

- Augmentation de l'efficacité. Étant donné qu'il y a nettement moins de déclarations papier et d'autres documents pertinents à expédier, le service de dispense de déclaration a également amélioré l'efficacité de fonctionnement de l'Administration fiscale de Singapour. Les déclarations des contribuables éligibles peuvent aussi être traitées rapidement sans la moindre intervention manuelle.
- Amélioration de l'opinion du public à l'égard de l'Administration fiscale de Singapour. Le sondage des contribuables de 2013 montre que 97.6 % des contribuables interrogés sont satisfaits voire très satisfaits du niveau de service de l'Administration fiscale de Singapour ; 13.3 % d'entre eux sont disposés voire très disposés à dire des choses positives sur l'Administration fiscale de Singapour.
- Renforcement du civisme fiscal. Le pourcentage de déclarations adressées dans les délais par des contribuables particuliers est passé de 89 % en 2008 à 94 % en 2012.
- Reconnaissance externe du service de dispense de déclaration. Le service de dispense de déclaration a obtenu une médaille de bronze lors de la prestigieuse Conférence PS21 ExCEL « Idées simples, résultats extraordinaires » le 1er novembre 2007, battant ainsi 12 autres organismes publics. Cette conférence annuelle récompense les efforts d'organismes publics visant à apporter une contribution significative à la fonction publique grâce à des améliorations et à des innovations dans leur action.

Enseignements

L'Administration fiscale de Singapour a reconnu que les contribuables avaient tendance à poser un certain nombre de questions courantes lorsqu'une nouvelle initiative était lancée. Une liste de questions fréquemment posées a donc été jointe aux lettres de dispense de déclaration. Cela a permis de réduire le nombre de clients cherchant à joindre l'Administration fiscale de Singapour, étant donné que les contribuables avaient également transmis la liste de questions fréquemment posées à leurs familles et à leurs amis.

Il était manifestement important pour les citoyens d'être assurés du fait qu'ils n'enfreignaient pas la loi en ne déclarant pas leurs impôts, étant donné que la majorité des contribuables dispensés de déclaration ayant contacté l'Administration fiscale de Singapour souhaitaient qu'on leur confirme qu'ils n'avaient pas besoin de faire une déclaration. L'Administration fiscale de Singapour a par conséquent renforcé sa communication publique à ce sujet et a ajouté une phrase pour rassurer les contribuables dans la lettre de notification de dispense de déclaration.

Étapes suivantes

En 2011, l'Administration fiscale de Singapour a commencé à envoyer des SMS plutôt que des lettres aux contribuables bénéficiant du service de dispense de déclaration qui avaient indiqué leurs numéros de téléphone portable. Étant donné la prolifération récente d'appareils mobiles, les contribuables considèrent désormais que les notifications par SMS sont plus pratiques que les lettres.

Encadré 25.2. **Administration fiscale de Singapour**

L'Administration fiscale de Singapour a été créée en 1992 sous forme d'organe officiel du ministère des Finances et compte 1 800 agents à l'heure actuelle. Elle a pour vision de devenir l'administration fiscale de référence dans le monde, le partenaire des contribuables dans la construction du pays et le développement économique et une excellente équipe de personnes compétentes et engagées. Sa mission est :

- agir pour le compte du gouvernement et d'assurer des services de gestion, de liquidation, de perception et de recouvrement des impôts
- conseiller le gouvernement et de représenter Singapour à l'échelle internationale dans le domaine des affaires fiscales.

Pour plus de renseignements :

Site internet : www.iras.gov.sg

Adresse électronique pour l'éducation des contribuables : taxqueries@iras.gov.sg (demandes sur l'impôt sur le revenu des personnes physiques)

Source : Administration fiscale de Singapour.

Chapitre 26

Afrique du Sud : Unités fiscales mobiles

Ce chapitre présente le programme d'éducation des contribuables de l'Afrique du Sud. Il décrit d'abord les objectifs généraux du programme, suivi d'un point sur un élément spécifique, les unités fiscales mobiles. Il examine par la suite l'impact et les leçons à tirer de l'initiative, suivie par un aperçu des prochaines étapes.

L'Administration fiscale sud-africaine (*South African Revenue Service*, SARS ; voir encadré 26.2) est consciente depuis longtemps de l'importance de la sensibilisation du public aux impôts en vue de créer une culture de discipline fiscale. L'organisme a joué un rôle de premier plan dans l'éducation des contribuables en introduisant diverses initiatives allant des séminaires ciblés aux activités de sensibilisation sur le plus long terme. L'une d'entre elles est l'initiative des unités fiscales mobiles de l'Administration fiscale sud-africaine, décrite ci-après.

Au sein de l'Administration fiscale sud-africaine, l'éducation des contribuables relève de la compétence du Service des activités des agences, dont l'Unité de l'éducation et des campagnes soutient le programme de discipline fiscale de l'Administration fiscale sud-africaine et veille à ce que les contribuables sélectionnés et les groupes de futurs contribuables – particuliers, employeurs, chefs de petites entreprises, écoliers, le gouvernement en sa qualité d'employeur et agents de la fonction publique – soient exposés à des activités éducatives et à des campagnes inspirées par des données en vue d'améliorer le civisme fiscal.

L'éducation des contribuables en Afrique du Sud

Mobiliser les contribuables pour renforcer le civisme fiscal et élargir l'assiette est une priorité pour l'Administration fiscale sud-africaine, qui s'emploie à renforcer ses activités de sensibilisation et d'éducation, ses services et l'application des lois fiscales (encadré 26.1). L'Administration fiscale sud-africaine mène des campagnes ciblées sur des mesures fiscales spécifiques, définies grâce à l'analyse de données sur les contribuables actuels et potentiels exerçant des activités dans le secteur informel. Parmi les cibles spécifiques figurent les entrepreneurs et sous-traitants de petite ou moyenne taille travaillant dans le secteur du bâtiment ; l'objectif est d'aider les employeurs à procéder au recoupement des déclarations de retenue à la source et de renforcer l'application de la taxe sur la valeur ajoutée (TVA) grâce à la vérification physique des applications professionnelles. L'Administration fiscale sud-africaine organise des séminaires, coopère avec les entreprises pour les encourager à s'enregistrer en tant que contribuables et aide ces dernières à s'acquitter de leurs obligations fiscales.

Encadré 26.1. **Objectifs de l'éducation des contribuables en Afrique du Sud**

- Expliquer pourquoi les citoyens doivent s'acquitter de l'impôt et comment les recettes fiscales sont utilisées.
- Montrer aux contribuables comment s'acquitter de leurs obligations fiscales de manière autonome (ex. déclaration en ligne).
- Sensibiliser les contribuables, même dans les zones rurales les plus reculées, grâce à des agences fiscales mobiles.
- Faire prendre conscience aux contribuables de leurs obligations et créer des conditions pour rencontrer et aider les citoyens plus facilement là où ils vivent afin de soutenir le modèle de discipline fiscale de l'organisation.

L'Administration fiscale sud-africaine élargit son audience en maintenant une présence dans les centres commerciaux et d'autres points de service, en particulier durant la période de déclaration des impôts, en déployant des unités fiscales mobiles (voir ci-après) en vue de sensibiliser les contribuables des zones rurales, et en installant des services dans d'autres institutions gouvernementales qui travaillent dans des domaines où l'Administration fiscale sud-africaine est moins visible.

Elle s'adresse également à des millions de contribuables à travers la télévision et la radio en expliquant l'importance du civisme fiscal et en montrant aux contribuables comment s'acquitter de leurs obligations fiscales. Plus particulièrement, l'Administration fiscale sud-africaine entretient des liens avec la chaîne de télévision eNews Channel Africa (eNCA). Chaque année, la Journée de l'impôt sur eNCA rassemble 3 millions de téléspectateurs. Au cours de cette journée, les agents de l'Administration fiscale sud-africaine proposent des services d'information sur les impôts en aidant le personnel d'eNCA à effectuer leurs démarches fiscales, tandis que les responsables et le commissaire de l'Administration fiscale sud-africaine participent à des interviews pour promouvoir le civisme fiscal. Des actions similaires sont menées lors de la Journée de l'impôt de Primedia, durant laquelle l'Administration fiscale sud-africaine porte assistance aux stations de radio affiliées au groupe, Talk 702 et Cape Talk. L'audience est aussi élevée que sur la chaîne de télévision. Ce partenariat a permis à l'Administration fiscale sud-africaine d'entrer en contact avec de nombreux contribuables supplémentaires.

Les partenariats sont cruciaux pour l'Administration fiscale sud-africaine. Elle coopère avec les institutions gouvernementales régionales et locales pour aider leurs administrés dans leurs démarches fiscales et favoriser le civisme fiscal. Elle s'adresse aux futurs contribuables à travers les établissements d'enseignement et les écoles et coopère également avec des associations de la société civile, des entrepreneurs privés, des entreprises et des organisations professionnelles. Par exemple, dans le secteur du bâtiment, de nombreux sous-traitants exercent leurs activités de manière informelle, sans être pris en compte dans l'assiette. En travaillant avec les associations de ce secteur, l'Administration fiscale sud-africaine mène des campagnes éducatives en vue de renforcer le civisme fiscal et de communiquer des informations sur le cadre législatif aux entreprises du bâtiment.

Focus : Les unités fiscales mobiles de l'Administration fiscale sud-africaine

L'Administration fiscale sud-africaine a élaboré une stratégie de déploiement géographique (2009) pour déterminer dans quelle mesure il était nécessaire d'étendre sa présence à des zones où l'organisation était absente. Cette analyse détaillée de sa présence à travers le pays a souligné la nécessité d'un renforcement de sa présence dans les zones rurales, où les bureaux de l'Administration fiscale sud-africaine se font rares. L'organisme a décidé d'étudier l'utilisation de véhicules convertis en bureaux mobiles comme moyen innovant et rentable d'atteindre les zones qui en ont le plus besoin d'après l'analyse (les provinces de KwaZulu-Natal, du Cap-Oriental et de Limpopo). Ces unités fiscales mobiles devraient permettre aux citoyens de s'enregistrer en tant que contribuables et d'être informés des raisons pour lesquelles il convient de payer des impôts, accroître la part de citoyens payant des impôts et améliorer les connaissances fiscales des citoyens tout en leur inculquant le savoir-faire technique nécessaire pour s'acquitter de leurs obligations fiscales.

Un essai a d'abord été fait en 2009 avec une unité fiscale mobile. L'initiative s'est avérée fructueuse et a servi d'argument en faveur du déploiement de nouvelles unités fiscales mobiles dans des régions où les bureaux de l'Administration fiscale sud-africaine étaient peu nombreux. Dès 2011, le projet avait avancé et trois unités supplémentaires avaient été acquises et étaient prêtes à être utilisées. En septembre 2011, au terme d'une phase d'essai de trois mois, ces trois unités fiscales mobiles ont été lancées pendant la période de déclaration des impôts. Le service a ainsi été mis à la disposition de milliers de contribuables et a renforcé le civisme fiscal. Sans ces unités mobiles, les contribuables devraient parcourir des centaines de kilomètres pour effectuer leurs démarches fiscales. L'Administration fiscale sud-africaine a maintenant décidé d'acquérir six autres unités fiscales mobiles (qui devaient être lancés en 2013).

Parallèlement au déploiement d'unités fiscales mobiles, l'Administration fiscale sud-africaine s'est employée à muter certains de ses agents dans des centres de services gouvernementaux existants (dans des domaines tels que la santé, l'éducation, l'armée et la police) de l'ensemble du pays afin de fournir des services au public sans qu'il soit nécessaire de bâtir de nouvelles infrastructures parallèles. Cela a permis d'écourter l'attente dans les agences et de réduire les frais des contribuables. Les agents de l'Administration fiscale sud-africaine ont également pu rencontrer leurs homologues des services gouvernementaux sur leurs lieux de travail afin de les aider à s'acquitter de leurs obligations fiscales.

Les équipes de l'Administration fiscale sud-africaine ont noué de bonnes relations avec les médias locaux et communautaires, y compris la presse écrite et les journaux, afin de faire connaître au public les activités des unités fiscales mobiles et de l'informer de leurs emplacements dans des régions données.

Dotation en effectifs et coût du programme

À ce jour, l'Unité de l'éducation et des campagnes a employé environ 300 personnes aux compétences variées pour des périodes diverses. Environ 30 agents fournissent en permanence des services aux contribuables grâce aux unités fiscales mobiles (2 à l'échelle nationale et 28 à l'échelle régionale). Ce nombre est appelé à s'accroître étant donné que l'Administration fiscale sud-africaine s'est acquis six nouvelles unités, qui auront besoin d'agents recrutés dans les bureaux régionaux.

Cette nouvelle initiative exige que les agents reçoivent une formation en vue d'intégrer les unités fiscales mobiles dans les systèmes existants de l'Administration fiscale sud-africaine. Les agents ont également besoin de connaissances pratiques sur tous les types d'impôts (impôt sur le revenu, TVA, retenue à la source, etc.) afin de conseiller et d'aider les contribuables. À cette fin, une formation en ligne est dispensée mensuellement pour informer le personnel en continu. Les agents responsables des unités fiscales mobiles doivent également bien connaître les technologies de l'information, car ces unités fonctionnent grâce à des liaisons par satellite.

L'exploitation des trois unités fiscales mobiles actuelles coûte 306 200 ZAR à l'Administration fiscale sud-africaine chaque mois (environ 30 000 USD). Le coût inclut :

- les frais de liaison par satellite
- les frais de carburant
- les équipements (imprimantes, scanners)
- la maintenance.

Ce coût ne comprend pas les frais engagés pour les ressources humaines et le logement du personnel lors du déplacement des agents vers une nouvelle zone.

Impacts

L'initiative n'a pas encore fait l'objet d'une évaluation externe. Néanmoins, le système automatique de collecte de données de l'Administration fiscale sud-africaine permet de constater une évolution de l'opinion des contribuables. L'Administration fiscale sud-africaine diligente également des études chaque année pour évaluer le degré de satisfaction des contribuables à l'égard des initiatives de l'organisation. Depuis le lancement de la première unité fiscale mobile et des unités suivantes en septembre 2011 et décembre 2012, le dispositif a obtenu les résultats suivants :

- Augmentation de la portée. Au total, 77 367 contribuables ont consulté les unités fiscales mobiles dans 601 centres, avec en moyenne 128 contribuables par site. Leurs motifs étaient de s'enregistrer en tant que contribuables, de déposer leurs déclarations d'impôts, de vérifier leur situation fiscale et de procéder au recoupement des déclarations de retenue à la source des entreprises.
- Augmentation du nombre de contribuables enregistrés. Depuis la création des unités fiscales mobiles, l'Administration fiscale sud-africaine a observé une croissance de son registre de contribuables – avec en moyenne 2 000 résidents de zones rurales enregistrés chaque année.
- Renforcement des connaissances fiscales. Le nombre de contribuables capables de s'acquitter de leurs obligations fiscales de manière autonome en utilisant le système de télédéclaration de l'Administration fiscale sud-africaine, comme l'ont en partie enseigné les unités fiscales mobiles, a augmenté.
- Renforcement du civisme fiscal. Le sentiment d'obligation morale à payer des impôts « volontairement » a progressé dans la population. Cela se manifeste par une augmentation annuelle du nombre de déclarations d'impôts envoyées dans les délais, avec par exemple une hausse de 7.7 % entre 2012 et 2013. Un sentiment plus positif se dégage également, selon lequel les contribuables sont traités de

manière équitable et transparente par l'administration fiscale et chaque contribuable paye sa juste part.

Enseignements

Il ne faut pas partir du principe que les contribuables savent s'acquitter de leurs obligations fiscales ; à mesure que de nouvelles mesures fiscales voient le jour et que le registre des contribuables croît, de nouvelles activités d'éducation des contribuables deviennent nécessaires. Si les télédéclarations permettent davantage d'autonomie, « rapprocher les impôts des contribuables » a contribué à renforcer le civisme fiscal, car les contribuables semblent préférer les interactions en face à face.

La principale difficulté rencontrée par les unités fiscales mobiles était d'ordre technique – à savoir, l'accessibilité des systèmes de l'Administration fiscale sud-africaine par des communications par satellite. La couverture satellite n'est pas toujours optimale, en particulier dans certaines zones rurales. De ce fait, les contribuables doivent souvent faire la queue longtemps en attendant leur tour. Pour résoudre ce problème, l'Administration fiscale sud-africaine a dû bâtir des relations solides avec ses homologues dans le domaine des technologies de l'information pour qu'une réponse rapide soit apportée lorsque des unités fiscales mobiles sont déployées dans des zones rurales.

Étapes suivantes

Pour sensibiliser davantage de monde dans les zones rurales, l'Administration fiscale sud-africaine a acquis six nouvelles unités fiscales mobiles en vue de les déployer en 2013. Celles-ci ont été équipées de connexions sans fil leur permettant d'étendre la portée de leur action.

Encadré 26.2. Administration fiscale sud-africaine (SARS)

L'Administration fiscale sud-africaine est la principale agence de perception des impôts d'Afrique du Sud, responsable de tous les impôts, droits et prélèvements obligatoires nationaux. Elle est également chargée de faciliter les échanges et de protéger les frontières sud-africaines de l'importation et de l'exportation illégales de produits. Bien qu'il s'agisse d'un instrument de l'État, son fonctionnement administratif est autonome.

L'Administration fiscale sud-africaine accorde une grande importance à l'adaptation des services aux besoins du client et veille à ce que le contribuable soit pleinement en mesure de remplir ses obligations fiscales de manière transparente et équitable. Elle compte environ 15 000 agents à l'heure actuelle répartis dans 51 agences de l'Administration fiscale sud-africaine et 57 bureaux des douanes. Trois unités fiscales mobiles sont également en activité et des projets prévoient l'acquisition de six autres unités.

Pour plus de renseignements :

Site internet : www.sars.gov.za

Adresse électronique pour l'éducation des contribuables : jkhumalo2@sars.gov.za

Source : Administration fiscale sud-africaine.

Chapitre 27

Turquie : Simplification des déclarations de revenus locatifs

Administration fiscale turque

Ce chapitre présente le programme d'éducation des contribuables de la Turquie. Il décrit d'abord les objectifs généraux du programme, suivi d'un point sur un élément spécifique, la simplification des déclarations de revenus locatifs. Il examine par la suite l'impact et les leçons à tirer de l'initiative, suivie par un aperçu des prochaines étapes.

L'Administration fiscale turque (voir encadré 27.2) déploie une large gamme d'initiatives reflétant l'importance accordée par celle-ci à l'éducation des contribuables pour le renforcement du civisme fiscal (encadré 27.1). Ces initiatives se fondent sur des données de référence obtenues grâce à des études et sur les suggestions et commentaires du public cible. Deux initiatives particulièrement dignes d'intérêt sont le programme Vergibilir de formation pour les enfants et le Centre de communication sur les impôts.

Encadré 27.1. **Objectifs de l'éducation des contribuables en Turquie**

- Percevoir des recettes adéquates en respectant des principes de justice, d'impartialité et d'efficacité en vue d'améliorer le bien-être social.
- Simplifier le système d'imposition et renforcer le civisme fiscal.
- Offrir un service d'excellente qualité aux contribuables.
- Devenir une administration de référence dans le monde, qui favorise et couvre tous les types de structures et d'activités économiques.

Source : Administration fiscale turque.

Le programme Vergibilir de formation pour les enfants est conçu pour sensibiliser les générations futures aux impôts. Il s'adresse à environ 4 millions d'enfants en troisième, quatrième et cinquième années d'école primaire et présente les questions fiscales d'une manière adaptée à leur âge. Le projet est mis en œuvre par la Direction de l'Administration fiscale en coopération avec le ministère de l'Éducation nationale. Des séances de formation sont animées par 299 formateurs sélectionnés par le ministère de l'Éducation nationale parmi des enseignants de sciences sociales ou chargés de classes et des professeurs d'écoles de commerce. Ces formateurs sont des enseignants volontaires issus des 81 provinces turques. En juin 2011, 330 000 élèves d'écoles primaires avaient participé au programme de formation. Un site internet en turc et en anglais proposant des jeux, des histoires et diverses activités sur le thème des impôts à caractère éducatif et divertissant a été conçu pour les enfants dans le cadre du projet (www.vergibilir.gov.tr). Un CD – Chansons de Vergibilir – a également été enregistré à l'intention des élèves d'écoles primaires. Son objet est de promouvoir les valeurs familiales, l'école, l'hygiène et la bonne nutrition et aussi de sensibiliser les enfants aux impôts.

Le Centre de communication sur les impôts, fondé en 2006, est le premier guichet d'informations pour les contribuables souhaitant obtenir des renseignements de la part de l'Administration fiscale turque. Affilié au ministère des Finances, il donne des informations sur les impôts, assure des services fiscaux dans des véhicules motorisés et procède au traitement des dénonciations – c'est-à-dire la possibilité donnée aux contribuables d'informer l'administration fiscale de cas de fraude fiscale ou de délits fiscaux commis par des tiers. Un centre d'appel et une adresse électronique permettent d'assurer ces services. Le Centre de communication sur les impôts a commencé à donner des renseignements par courriel aux citoyens et sociétés de nationalité étrangère en mai 2012. En vertu des réglementations sur le respect de la vie privée, le service d'information ne divulgue aucun renseignement sur les obligations fiscales ou les comptes de particuliers ou de sociétés. L'exemple du Centre de communication sur les impôts a incité d'autres agences gouvernementales à créer leurs propres centres d'appel professionnels.

Focus : La simplification des déclarations de revenus locatifs

En Turquie comme dans la plupart des pays, les personnes percevant des revenus locatifs sont tenues de l'indiquer dans leurs déclarations annuelles d'impôt sur le revenu. Or, une analyse effectuée par l'Administration fiscale turque a montré que, sur 1.2 million de personnes dont il était connu qu'elles bénéficiaient de ce type de revenus, plusieurs centaines de milliers ne l'avaient pas déclaré. L'Administration fiscale turque a repéré un certain nombre de problèmes dans le système existant qui alimentaient ce phénomène. Étant donné que les contribuables devaient se rendre au bureau des impôts pour déclarer leurs revenus locatifs manuellement, la démarche était perçue dans une large mesure comme une perte de temps. De nombreuses déclarations étaient également incorrectes ou manquaient à l'appel, et souvent l'Administration fiscale turque ne savait pas si les contribuables avaient déposé leurs déclarations ou non. Il a également été établi que des contrôles limités et des données électroniques insuffisantes contribuaient au non-respect des obligations fiscales dans l'ensemble. Ces lacunes ont conduit au lancement d'un système de télédéclaration préremplie des revenus locatifs en mars 2012 pour l'exercice fiscal 2011.

Une télédéclaration préremplie est établie pour chaque contribuable à partir d'informations émanant de tiers reçues par l'entrepôt de données de l'Administration fiscale turque. Avant de mettre pleinement en œuvre le programme de télédéclaration préremplie, un groupe de discussion composé de 50 contribuables disposant de revenus locatifs a été réuni au centre informatique de l'Administration fiscale turque. Le programme a été présenté aux membres du groupe. Leurs avis sur toutes les questions relatives au programme, y compris sur la police et les couleurs à employer dans le formulaire, ont ensuite été recueillis. Le programme a alors été actualisé, notamment pour simplifier la terminologie employée dans le formulaire de télédéclaration préremplie dans la mesure du possible.

Lorsque les contribuables font leurs déclarations pour la première fois, ils sont automatiquement enregistrés au bureau des impôts. Ils accèdent alors à leur télédéclaration préremplie, sur laquelle ils peuvent ajouter des renseignements manquants et/ou corriger les informations préremplies. Toute modification des impôts liée à ces changements est automatiquement calculée sur la télédéclaration, qui peut facilement être déposée en ligne d'un simple clic. Les contribuables peuvent ensuite s'acquitter de la somme due par carte de crédit ou par transaction bancaire sur internet.

L'objectif clé des télédéclarations est de simplifier les procédures fiscales en facilitant les déclarations et en allégeant leur coût pour les contribuables tout en renforçant leur exactitude.

L'Administration fiscale turque a mené une campagne de publicité multimédia à l'échelle nationale pour promouvoir l'utilisation des formulaires de télédéclaration préremplie en informant le public de leur facilité et de leur simplicité. Sa cible spécifique était les contribuables plus âgés, qui perçoivent généralement des revenus locatifs. Dans le cadre de la campagne, une brochure de présentation portant exclusivement sur la télédéclaration préremplie a été envoyée à 1.2 million de contribuables. L'Administration fiscale turque a également mis en place des guichets d'information dans des bureaux des impôts et des centres commerciaux et a participé à des forums populaires sur les impôts pour donner des renseignements et répondre à des questions sur cette initiative. Des journaux, la télévision et des panneaux d'affichage ont également été utilisés, avec notamment l'insertion d'une page entière de publicité portant le message « Le jeu n'en vaut pas la chandelle » dans tous les journaux nationaux pendant trois jours. L'initiative a aussi été mentionnée à la télévision dans un jeu de culture générale populaire et dans des feuilletons, ainsi que sur des panneaux d'affichage dans des aéroports et des stations de métro. Vers la fin de la période de déclaration des impôts, des messages de rappel ont été envoyés aux contribuables par SMS.

Des plates-formes médiatiques moins classiques ont également été utilisées : ainsi, le ministère des Finances a lancé un appel sur YouTube invitant les contribuables à utiliser le système de télédéclaration préremplie. En outre, l'un des acteurs turcs les plus en vue a joué dans une vidéo humoristique de présentation publiée sur Facebook et YouTube. Celui-ci y expliquait avec humour la nouvelle initiative de télédéclaration préremplie en soulignant ses innovations. Une autre campagne ciblait les contribuables plus âgés avec une saynète de cinq minutes dans laquelle une grand-mère déposait sa déclaration d'impôts en ligne avec l'aide de son petit-fils. La séquence mettait en valeur l'économie de temps et d'argent qui permettait la télédéclaration et sa simplicité pour l'usager ; elle a également été partagée sur Facebook et Youtube.

L'initiative des télédéclarations préremplies mobilise 25 agents au niveau national et 2 000 au niveau local ; 1 800 agents ont reçu une formation dans 18 zones régionales. En outre, 5 ingénieurs en informatique et 20 experts ont participé à la création du système et au recoupement des données. Cette initiative a allégé la pression sur le budget de fonctionnement, car ses résultats et son apport général ont été meilleurs que ce qui était escompté (voir ci-après).

Impacts

- Augmentation du nombre de contribuables. À la suite de la campagne publicitaire, environ 1.2 million de personnes ont fait leurs déclarations d'impôt sur le revenu en ligne en 2011 à l'aide du système de déclaration préremplie. En 2010, avant le lancement du système de déclaration préremplie, environ 890 000 personnes seulement avaient fait leurs déclarations d'impôts en ligne. Le nombre total de contribuables déclarant des revenus locatifs a connu une très forte hausse, d'environ 33 %. Le service de télédéclaration a remporté l'adhésion du public, et une fois informée, l'immense majorité des contribuables a profité de ce service.
- Avantages accrus pour l'Administration fiscale turque. La télédéclaration préremplie réduit les besoins en matière de recoupement des données, de contrôle et de règlement des différends fiscaux. Le nombre de discordances et de modifications que l'Administration fiscale turque doit contrôler est plus faible, car le processus de saisie des données est géré par le contribuable, qui a aussi la possibilité de confirmer et de rectifier lui-même les informations fournies par l'Administration fiscale turque et d'autres tiers. La télédéclaration préremplie devrait également avoir un impact direct sur le comportement des personnes ne déclarant pas leurs impôts en les incitants à adhérer au système.
- Amélioration de l'efficacité. Le système de déclaration préremplie réduit la charge administrative, mais aussi les coûts pour les contribuables. Apporter des modifications en ligne exige moins de ressources qu'un contrôle manuel, et comme le volume de papier utilisé est plus faible, ce système est également

plus écologique. De plus, le traitement des déclarations papier est environ trois fois plus coûteux que celui des télédéclarations. D'autres informations utiles sont téléchargées sous forme de résumé, que les contribuables peuvent conserver au cas où ils en auraient besoin ultérieurement pour faire leurs déclarations ou déposer une plainte.

- Renforcement du civisme fiscal. Si l'initiative n'a pas fait l'objet d'une évaluation externe, on constate d'un point de vue interne une amélioration notable et significative du civisme fiscal résultant de la simplification de la déclaration d'impôt.

Enseignements

Une campagne publicitaire efficace d'envergure nationale reposant sur une gamme de médias traditionnels et nouveaux, dont les médias sociaux, peut donner aux contribuables actuels et potentiels les outils pratiques et la motivation pour déclarer leurs revenus avec succès. Elle a pour résultat de renforcer le civisme fiscal de manière rentable et de permettre à l'Administration fiscale turque de mieux connaître son public cible, les contribuables.

Il s'agit de la première initiative de ce type entreprise par l'Administration fiscale turque et elle sera poursuivie dans les années à venir.

Encadré 27.2. **Administration fiscale turque**

La Direction générale des recettes a été créée par voie législative en 1946. En 2005, elle a été remplacée par l'Administration fiscale turque (*Gelir İdaresi Başkanlığı*). Cet événement a marqué le début d'une ère nouvelle, avec la création de la Direction de l'administration fiscale sous forme d'autorité subordonnée au ministère des Finances, quoique semi-autonome. L'Administration fiscale turque a pour mission de percevoir des recettes adéquates tout en respectant des principes de justice, d'impartialité et d'efficacité en vue d'améliorer le bien-être social, de contribuer à simplifier le système d'imposition et à renforcer le civisme fiscal et d'offrir un service d'excellente qualité aux contribuables. L'Administration fiscale turque dispose de 1 032 bureaux des impôts répartis dans l'ensemble du pays et emploie 40 244 agents au total. Pour plus de renseignements :

Site internet : www.gib.gov.tr

Portail pour les enfants : www.vergibilir.gov.tr

Source : Administration fiscale turque.

Chapitre 28

Uruguay : Jeux vidéos sur le thème de l'impôt

Direction générale des impôts

Ce chapitre présente le programme d'éducation des contribuables de l'Uruguay. Il décrit d'abord les objectifs généraux du programme, suivi d'un point sur un élément spécifique, les jeux vidéos sur le thème de l'impôt. Il examine par la suite l'impact et les leçons à tirer de l'initiative, suivie par un aperçu des prochaines étapes.

Les impôts font partie des instruments cruciaux qui permettent à l'État de financer ses activités et de remplir ses engagements. La Direction générale des impôts uruguayenne (DGI ; voir encadré 28.3) reconnaît qu'il est important de donner une image saine de l'administration fiscale au public ; à cette fin, elle emploie diverses stratégies de communication. L'organisation cherche également à encourager les citoyens à s'acquitter volontairement de leurs obligations fiscales et à prévenir les fraudes fiscales (encadré 28.1). De ce fait, l'éducation des contribuables est l'un de ses objectifs stratégiques.

L'éducation des contribuables en Uruguay

Le programme d'éducation des contribuables de la Direction générale des impôts a été conçu en 2003 et lancé en 2005 sous la forme d'un projet pilote intitulé « L'éducation pour une citoyenneté participative et responsable ».

Encadré 28.1. **Objectifs de l'éducation des contribuables en Uruguay**

- Promouvoir la sensibilisation fiscale dans la société.
- Promouvoir des valeurs et des comportements tels que la solidarité, la justice, l'équité et la responsabilité chez les enfants et les jeunes.
- Promouvoir la responsabilisation et la participation des citoyens dans la vie sociale de la communauté.
- Lutter contre les fraudes et les délits fiscaux en favorisant les comportements sains et positifs à l'égard de la fiscalité dans l'ensemble de la population, y compris chez les enfants.

Source : Direction générale des impôts

Ce programme s'appuie sur un accord-cadre de coopération conclu en 2006 entre l'Administration nationale de l'éducation publique (ANEP) et la Direction générale des impôts. Celui-ci régit les modalités d'exécution conjointe des programmes éducatifs portant sur le civisme, sensibilisation fiscale incluse.

Cette approche collaborative a permis à la Direction générale des impôts de concevoir, avec le concours des enseignants, une variété de matériels pédagogiques (bandes dessinées et manuels) pour utilisation dans les écoles de l'ensemble du pays. La Direction générale des impôts organise également des ateliers pour les enseignants et d'autres professionnels de l'enseignement et donne son accord pour des programmes scolaires d'enseignement primaire et secondaire développés conjointement.

Plus récemment, la Direction générale des impôts s'est lancée dans la création de contenus dématérialisés sur les impôts pour les écoles. Ainsi, un jeu vidéo donne aux enfants la possibilité d'incarner des super-héros qui voyagent dans le temps pour résoudre une crise menaçant l'ensemble de la communauté (voir section suivante). Dans le même esprit, la Direction générale des impôts a mis en place une attraction intitulée « La machine à remonter le temps » dans la *Ciudad de los Chicos* d'un centre commercial qui, sous forme de jeu, encourage les enfants à agir en citoyens responsables. La Direction générale des impôts tient également un stand à l'exposition agro-industrielle ExpoPrado. Celui-ci cible les enfants et les amène à prendre conscience de l'importance des impôts de manière ludique et divertissante.

Les principaux partenaires de la Direction générale des impôts dans le domaine de l'éducation des contribuables sont l'Administration nationale de l'éducation publique, le Conseil de l'enseignement primaire et de base, le Conseil de l'enseignement secondaire, le Plan Ceibal, le ministère de l'Éducation et de la Culture et l'Institut du cinéma et de l'audiovisuel de l'Uruguay (*Instituto del Cine y Audiovisual del Uruguay*). La Direction générale des impôts utilise également la télévision, la radio et les journaux pour ses activités d'éducation des contribuables et collabore avec les secteurs de l'agriculture et de l'industrie.

Le programme est actuellement financé par le budget de l'État, mais il était également subventionné par l'Union européenne à l'origine, dans le cadre du projet de réforme de la Direction générale des impôts. Par la suite, il a été intégré au Programme d'appui à la gestion de l'impôt financé par la Banque interaméricaine de développement.

Focus : Les jeux vidéos sur le thème de l'impôt

Le Plan Ceibal est une initiative socio-éducative lancée en 2007 par la Présidence de la République. Dans le cadre de ce projet interinstitutionnel, un ordinateur portable personnel est donné à chaque élève et à chaque enseignant de toutes les écoles primaires publiques de l'ensemble du pays. Divers organismes publics agissant dans les domaines de l'enseignement et des technologies participent à cette initiative. En 2012, le plan a été élargi aux élèves et aux enseignants de l'enseignement secondaire et de l'enseignement technique professionnel (cycle de base). À l'heure actuelle, il s'étend aux étudiants de l'enseignement supérieur.

Inspiré du projet « Un ordinateur portable par enfant » (encadré 28.2), le Plan Ceibal consiste à offrir aux élèves et aux enseignants des ordinateurs portables à bas coût (appelés « XO »), des logiciels gratuits et un accès internet sans fil à l'intérieur et en dehors du cadre scolaire. Ces ordinateurs sont des appareils à l'épreuve des enfants qui résistent à l'eau et à la poussière et sont légers et portables. Grâce à leur écran double (noir/blanc et de couleur), ils peuvent être utilisés à l'intérieur comme en plein air sans que la visibilité ne soit affectée par la lumière du soleil. Une carte mémoire amovible est mise à disposition et l'appareil a des ports USB et une caméra vidéo.

La Direction générale des impôts a su profiter de cette initiative pour développer des contenus numériques sur l'éducation des contribuables destinés à la plateforme Ceibal, en partenariat avec le Conseil de l'enseignement primaire et de base, le Conseil de l'enseignement secondaire et le Plan Ceibal. Le premier produit fut un livre interactif créé par des enseignants de l'enseignement primaire. En 2011, la Direction générale des impôts a lancé l'application +Ciudadano. Celle-ci invite les enfants à améliorer leur ville tout en apprenant des notions sur les impôts. Avec un personnage de fiction, Iván, les enfants parcourent et améliorent leur propre quartier et franchissent progressivement différents niveaux en abordant des sujets tels que les droits et les devoirs, la société, l'État et la culture fiscale. Ceux-ci découvrent des informations qui leur permettent d'accomplir les différentes missions. Ce faisant, ils améliorent l'espace public et activent des mini-jeux divertissants visant à récompenser leurs efforts.

Encadré 28.2. **Un ordinateur portable par enfant**

« Un ordinateur portable par enfant » est un projet soutenu par l'Association *One Laptop per Child* (OLPC), dont le siège est à Miami, et la Fondation OLPC, établie à Cambridge ; ces deux organisations américaines à but non lucratif ont été fondées dans le but de superviser la création d'appareils éducatifs abordables destinés à être utilisés dans les économies en développement. Le projet a pour mission de renforcer l'autonomie des enfants grâce à l'éducation, en offrant à chacun d'entre eux un ordinateur portable solide, peu coûteux, à faible consommation et doté d'une connexion internet. Dans ce cadre, du matériel informatique, des contenus et des logiciels ont été conçus pour permettre aux enfants de contribuer à leur propre éducation et d'apprendre, de partager et de créer des choses ensemble. En octobre 2007, l'Uruguay a commandé 100 000 ordinateurs portables. Il serait devenu le premier pays au monde dont chaque élève de l'école primaire aurait reçu un ordinateur portable gratuit le 13 octobre 2009, dans le cadre du Plan Ceibal.

Sources : Site internet de One Laptop Per Child : http://one.laptop.org/stories et *Wikipédia* (consulté le 9 octobre 2013).

Source : Direction générale des impôts.

En 2012, la Direction générale des impôts a mis au point un jeu vidéo éducatif pour les élèves de troisième année de l'enseignement secondaire dans le cadre du Plan Ceibal. L'action se déroule dans une ville frappée par de violents orages, où des bâtiments ont été détruits et où des documents et des données en ligne appartenant aux pouvoirs publics ont été perdus. Dans cette situation d'urgence, le gouvernement lance un appel à l'aide en attendant de réorganiser ses services, et un groupe de jeunes s'engage à percevoir et à distribuer des ressources. Le personnage principal s'occupe de divers services collectifs pour lesquels des actions sont nécessaires, telles que des réparations, la construction de nouveaux bâtiments, le paiement des salaires ou encore la fourniture de mobilier ou d'articles, et procède au recouvrement de l'impôt afin de répondre à tous leurs besoins et de les remettre en service pour l'ensemble de la population. Il existe différents niveaux de réussite et de récompense et des tableaux récapitulatifs montrent ce que l'élève a fait ; les concepts abordés sont par exemple les ressources, les contribuables, le recouvrement de l'impôt, la fraude, le budget, les coûts et les investissements. Le jeu vidéo encourage le civisme en traitant des sujets tels que la vie en société, l'État en tant qu'organisation et la participation citoyenne tout en soulignant l'importance économique et sociale des impôts pour la société. Le développement de cette ressource a été soutenu par le Conseil de l'enseignement secondaire (CES) par l'intermédiaire d'un groupe d'inspecteurs et d'enseignants jouissant d'une grande expérience dans la conception de matériels pédagogiques.

La Direction générale des impôts a aussi créé un nouveau portail d'éducation des contribuables, accessible depuis un ordinateur portable XO ou un PC de bureau. Ce site éducatif vise spécifiquement les élèves de l'enseignement primaire et secondaire, mais le contenu pédagogique peut également être consulté par le public en général. Le portail se divise en trois grandes parties :

- Jeux téléchargeables : Deux applications éducatives peuvent être téléchargées.
- Jeux en ligne : Il s'agit d'un espace ludique d'apprentissage par le jeu. Dans « *Iván vs. Evatrones* », les enfants évitent les « *evatrones* » (fraudeurs) en recouvrant l'impôt. Dans « *Invencible* », les enfants essayent de percevoir autant d'impôts que possible et évitent les fraudeurs tout en voyageant à travers le pays. Ils peuvent également repérer les transactions pour lesquelles aucun reçu de paiement n'a été délivré (« *DetectIVAte* »).
- Statistiques pour les devoirs : Cet espace attractif et facile à utiliser contient des informations techniques visant un public plus général, telles que des informations et des statistiques sur le système d'imposition destinées aux étudiants des

universités ou même aux journalistes. Généralement, les informations sont regroupées en trois catégories principales :

- Importance des impôts : des graphiques expliquent le rôle des impôts dans la société, le système d'imposition et la fiscalité de l'Uruguay. Des informations générales sont également mentionnées sur les reçus de paiement.
- Recouvrement de l'impôt par la Direction générale des impôts : des graphiques interactifs permettent d'analyser les résultats de la Direction générale d'impôts en matière de recouvrement et les changements dans la composition des recettes. Ces graphiques représentent les recettes fiscales cumulées perçues pendant l'exercice en cours, le volume brut des recettes fiscales collectées par la Direction générale des impôts chaque année pour tous les impôts, divisés en impôts sur le revenu, sur la propriété et sur la consommation, et l'évolution du volume brut des recettes fiscales et du PIB, qui montre que la croissance des recettes fiscales perçues par la Direction générale des impôts a dépassé celle du PIB.
- Fraude : des graphiques interactifs analysent les tendances de la fraude fiscale en Uruguay (exprimées sous forme de pourcentages des recettes de TVA potentielles, du total des recettes fiscales perçues par la Direction générale des impôts et du PIB) et un graphique dynamique illustre les tendances de la fraude en matière de TVA dans les pays d'Amérique latine ces dix dernières années.

Impacts

- Diffusion de messages sur les impôts à un public plus large. Avec le lancement de +Ciudadano, le programme d'éducation des contribuables a été étendu à 100 000 élèves de cinquième et sixième années ainsi qu'à tous les enseignants des écoles primaires publiques du pays. L'extension du programme aux établissements d'enseignement secondaire a permis de sensibiliser 40 000 élèves supplémentaires en troisième année du cycle de base, ainsi que des enseignants d'éducation civique et sociale des établissements publics d'enseignement secondaire. Cela signifie que le programme d'éducation des contribuables est connu de tous les enfants des écoles publiques primaires et secondaires de l'ensemble du pays.
- Augmentation du nombre de ressources éducatives. Pendant six ans, des ordinateurs portables ont été offerts à plus de 575 000 élèves et enseignants dans le cadre du Plan Ceibal. Sa plateforme éducative propose plus de 8 500 contenus éducatifs et 40 000 enseignants ont été formés à l'utilisation des ressources technologiques dans le cadre du projet. Dès le début, le Plan Ceibal a été bien accueilli par la majorité de la population.
- Renforcement de la communication. Le Plan Ceibal a permis de donner des informations globales et d'inculquer une culture à un segment nettement plus large de la population et de communiquer avec ces personnes, indépendamment de leur situation socio-économique ou de leur lieu de résidence. Étant donné que les enfants emmènent leurs ordinateurs portables chez eux et qu'un accès internet est disponible dans les espaces publics, le plan donne accès à leurs familles à ces voies de communications.

- Réduction des inégalités. Selon une évaluation du Plan Ceibal, donner accès à un ordinateur à tous les élèves à leur domicile permet de surmonter les inégalités traditionnelles. Cette évolution n'aurait pas pu se faire par le marché (Rivoir et Lamschtein, 2012).

Enseignements

La Direction générale des impôts avait à l'origine adopté un modèle d'éducation des contribuables très classique (reposant principalement sur l'utilisation de livres) qui exigeait des efforts immenses et coûteux de la part de l'administration. Celui-ci avait touché un public limité : si les livres étaient distribués dans l'ensemble du pays, nombre d'entre eux restaient tout simplement enfermés dans des bibliothèques d'écoles. Ce modèle exigeait une formation permanente ainsi qu'une supervision et une évaluation coûteuses.

En exploitant pleinement les possibilités offertes par le Plan Ceibal et les nouvelles technologies, la Direction générale des impôts a donné aux jeunes un accès constant et souple aux contenus sur les impôts. Ce nouveau modèle innove, encourage la collaboration et l'intégration sociale chez les jeunes et les enseignants ainsi que dans les centres éducatifs et les familles, et leur permet de participer à de nouvelles communautés d'apprentissage à l'échelle nationale et internationale.

Le Plan Ceibal est un exemple de bonne utilisation des impôts. Financé par des recettes fiscales, il est en soi un instrument d'élaboration de programmes renforçant la sensibilisation fiscale chez les citoyens, ce qui permet de recueillir davantage de ressources pour contribuer au développement.

Étapes suivantes

La Direction générale des impôts centrera ses activités futures sur le développement de nouveaux contenus et ressources éducatives numériques, dont :

- Une application spéciale pour les élèves de l'enseignement primaire et de base (âgés de 6 à 9 ans), qui élargira le programme d'éducation des contribuables au moyen du Plan Ceibal. Elle sera également disponible sur le portail Educa de la Direction générale des impôts.
- Une ressource à l'intention des élèves de l'enseignement pré-universitaire – disponible sur la plateforme Ceibal et le portail Educa de la Direction générale des impôts – qui favorisera la responsabilisation et la participation des citoyens dans la vie sociale de la communauté.
- Des activités en ligne qui inculqueront des connaissances techniques aux enseignants de l'enseignement primaire et secondaire et leur donneront des informations sur les ressources disponibles. L'idée est d'aider les professeurs et les professionnels de l'enseignement à enseigner la fiscalité et le civisme.

Encadré 28.3. Direction générale des impôts (DGI)

La DGI (*Dirección General Impositiva)* relève du ministère de l'Économie et des Finances. Le Secrétariat technique général de la Direction générale des impôts est responsable de toutes les activités liées à l'éducation des contribuables et a pour mission de percevoir des recettes pour l'État. La Direction générale des impôts encourage les contribuables à s'acquitter volontairement de leurs obligations fiscales en défendant leurs droits et en agissant avec intégrité, efficacité et professionnalisme afin d'offrir des services de qualité à la société.

La Direction générale des impôts emploie 1 400 fonctionnaires, dont 40 % de cadres, 29 % de techniciens, 30 % d'assistants administratifs et 1 % d'agents de service. Elle a des bureaux dans les 19 départements et son siège est situé dans la capitale, Montevideo. Elle dispose également de 5 bureaux régionaux et de 40 bureaux de représentation répartis sur l'ensemble du territoire.

Pour plus de renseignements :

Site internet : www.dgi.gub.uy

Site internet du programme d'éducation des contribuables : www.dgi.gub.uy/educa

Adresse électronique du programme d'éducation des contribuables : culturatributaria@dgi.gub.uy

Source : Direction générale des impôts.

Référence

Rivoir, A. et S. Lamschtein (2012), « Las tecnologías digitales frente a los desafíos de una educación inclusiva en América Latina » [Les technologies numériques face aux défis de l'éducation inclusive en Amérique latine], Chapitre V in Sunkel, G. et D. Trucco (dir. pub.), *Ceibal Plan, « Un caso de usos de las tecnologías de información y de las comunicaciones en la educación para la inclusión social »* [Étude de cas sur l'utilisation des technologies de l'information et de la communication dans l'éducation pour l'inclusion sociale], Programme Alliance pour la société de l'information, CEPALC et Union européenne.

Chapitre 29

Zambie : Débats sur les impôts

Administration fiscale zambienne (Zambia Revenue Authority, ZRA*)*

Ce chapitre présente le programme d'éducation des contribuables de la Zambie. Il décrit d'abord les objectifs généraux du programme, suivi d'un point sur un élément spécifique, les débats sur les impôts. Il examine par la suite l'impact et les leçons à tirer de l'initiative, suivie par un aperçu des prochaines étapes.

La Zambie a accompli des progrès considérables dans la réforme de son système d'imposition en améliorant la législation, baissant les impôts et simplifiant les procédures de manière notable. Ce faisant, l'Administration fiscale zambienne (ZRA, voir encadré 29.4) s'est rendue compte que de meilleures connaissances du système d'imposition pouvait inciter les contribuables à changer d'attitude et de sentiment à l'égard des impôts et conduire à un renforcement de le discipline fiscale.

L'éducation des contribuables en Zambie

L'éducation des contribuables est devenue une composante importante des travaux de développement d'une culture de paiement des impôts en Zambie menés par l'Administration fiscale zambienne (Fjeldstad et Heggstad, 2012). L'Unité de l'éducation des contribuables est une nouvelle unité du siège de l'Administration fiscale zambienne (encadré 29.1) ; avant sa création, l'éducation des contribuables et les services fiscaux étaient regroupés, ce qui est toujours le cas dans les bureaux de province. Un nouveau centre d'appel pour l'éducation des contribuables permet aux contribuables d'avoir accès à un premier interlocuteur et compte huit agents. L'Unité consultative des contribuables, chargée de diriger les activités d'éducation des contribuables pour le compte de l'Administration fiscale zambienne, emploie cinq agents.

Encadré 29.1. **Objectifs de l'éducation des contribuables en Zambie**

- Bâtir d'excellentes relations avec les parties prenantes, aussi bien d'un point de vue interne qu'externe.
- Veiller à ce que la perception des recettes soit effective et efficace.
- Encourager les contribuables à s'acquitter volontairement de leurs obligations fiscales.
- Informer les contribuables de leurs droits et de leurs devoirs.
- Veiller à ce que les contribuables comprennent les lois fiscales et sachent s'acquitter de leurs obligations fiscales.
- Accroître la part de citoyens payant des impôts.
- Expliquer pourquoi les citoyens doivent s'acquitter de l'impôt.
- Donner aux citoyens les moyens de participer aux débats sur l'utilisation des recettes fiscales.

Source : Administration fiscale zambienne (Zambia Revenue Authority, ZRA).

Le programme éducatif de l'Administration fiscale zambienne vise en particulier les contribuables redevables de l'impôt sur le revenu des personnes physiques (des tranches d'imposition supérieures et inférieures) et de l'impôt sur les sociétés (y compris les micro-entreprises, les petites, moyennes et grandes entreprises et celles du secteur public), les jeunes et le secteur informel. Les principales activités ont pour objet de diffuser des informations essentielles, par exemple sur les droits et les devoirs des contribuables, de favoriser la compréhension de ces droits et de ces devoirs chez les contribuables et de donner à ces derniers les moyens de les exercer. À cette fin, l'Administration fiscale zambienne est intervenue dans des établissements d'enseignement secondaire et supérieur ainsi que dans des manifestations culturelles ou de société. Elle met également en place des services destinés aux contribuables dans d'autres bureaux gouvernementaux afin de renforcer sa visibilité et la portée de son action. L'organisation interagit directement avec la clientèle à l'occasion de séminaires, de conférences, de séances de formation, de forums, d'ateliers, de réunions d'information et de discussions. Elle utilise également les médias de masse (télévision, radio et journaux à l'échelle nationale, régionale et locale), des vidéos et des documents imprimés tels que des guides, des brochures et des circulaires publiques, ainsi que divers médias sociaux (Facebook, Twitter, etc.).

Pendant le seul premier semestre de 2013, l'Unité de l'éducation des contribuables a réalisé une émission de télévision sur les modifications du budget, organisé des ateliers dans des facultés et des universités et pour des agences de services aux entreprises, et enregistré des émissions de radio hebdomadaires. Un voyage d'étude au Népal a été organisé en mai 2013, financé par l'Agence allemande de coopération internationale (GIZ). Cinq responsables de l'Administration fiscale zambienne ont participé à cette visite : le Directeur et deux agents de l'Unité consultative des contribuables et deux agents responsables des services aux contribuables, l'un relevant de la Division des impôts nationaux et l'autre de la Division des douanes. L'objectif était de nourrir la stratégie d'éducation des contribuables de la Zambie.

La Zambie a mis en place un processus de concertation entre l'État et la société pour élaborer le budget qui s'adresse en particulier aux acteurs non étatiques (encadré 29.2).

Encadré 29.2. **Processus de concertation entre l'État et la société sur les impôts en Zambie**

Le gouvernement zambien a mis en place, par l'entremise du ministère des Finances et de la Planification nationale (*Ministry of Finance and National Planning,* MoFNP), des dispositifs permettant aux acteurs non étatiques de soumettre des propositions concernant les impôts et les dépenses à prendre en compte dans le budget national. Un nombre croissant de particuliers, d'entreprises, d'associations professionnelles et d'organisations de la société civile saisissent cette possibilité qui leur est offerte pour exiger des avantages fiscaux et des exonérations d'impôts ainsi que des changements de l'administration fiscale et des dépenses publiques et influencer la répartition du budget. Outre l'expression de leurs revendications par l'intermédiaire du processus et des structures budgétaires officiels, les groupes d'intérêts ont également recours à des moyens informels pour influencer la prise de décision des pouvoirs publics.

Ces dix dernières années, le gouvernement zambien et le secteur privé ont engagé un processus de concertation plus officiel dans le cadre du Conseil zambien des entreprises (*Zambia Business Council*, ZBC). Cette instance d'échanges permet aux institutions gouvernementales concernées et au secteur privé de s'entretenir sur des questions de politiques essentielles. L'objectif est de formuler des idées et d'engager le dialogue avec le gouvernement sur des réformes des institutions, de la réglementation et des politiques dans le but de promouvoir le développement du secteur privé.

Le Conseil zambien des entreprises réunit quatre ministres de premier plan (ministres du Commerce, des Échanges et de l'Industrie, des Finances et de la Planification nationale, des Transports et des Communications et de l'Agriculture), l'Agence zambienne de développement, des associations professionnelles et le Conseil consultatif international de Zambie (formé d'experts de nationalités diverses reconnus dans le domaine des affaires).

Source : Adapté de Fjeldstad et Heggstad (2012), « Building taxpayer culture in Mozambique, Tanzania and Zambia: Achievements, challenges and policy recommendations », CMI Report, R 2012:1, Chr. Michelsen Institute, Bergen, available at: www.cmi.no/publications/publication/?4499=building-taxpayer-culture-in-mozambique.

Source : Administration fiscale zambienne (Zambia Revenue Authority, ZRA).

Outre son étroite collaboration avec Radio Phoenix (voir ci-après) et le réseau de télévision, l'Administration fiscale zambienne entretient de fortes relations avec le ministère des Finances et de la Planification national et d'autres ministères et agences gouvernementales ainsi que des écoles, des organisations professionnelles et l'Agence allemande de coopération internationale (GIZ).

Focus : Les débats radiophoniques sur les impôts

L'Administration fiscale zambienne s'adresse aux contribuables au cours d'une émission de radio hebdomadaire d'une durée d'une heure, diffusée sur la chaîne zambienne Radio Phoenix. Cette émission a été créée en mars 2012 pour toucher un public large de manière plus économique que la télévision. Elle est diffusée dans quatre des neuf provinces que compte la Zambie (provinces de Lusaka et de Copperbelt, province centrale et une partie de la province méridionale). Ainsi, sa voix porte au-delà des trois provinces dans lesquelles l'Administration fiscale zambienne est présente.

L'émission de radio est retransmise en direct chaque mercredi matin. Pendant la première partie, un sujet portant sur la fiscalité – par exemple, les impôts nationaux, les droits de douanes ou des modifications du système administratif – est présenté sous forme d'interview entre le directeur de l'Unité de communication sur la coopération de l'Administration fiscale zambienne et un expert de l'organisation. La seconde partie de l'émission donne aux contribuables la possibilité de téléphoner en direct pour poser des questions ou exprimer leurs préoccupations ou réactions. Le public donne également son avis par courrier électronique, directement en personne ou par téléphone. Les critiques et les commentaires sont utilisés de manière constructive en vue d'améliorer l'émission.

À l'origine, les interviews de l'émission de radio étaient réalisées par un animateur de la station. Cependant, on a estimé que l'intervieweur avait besoin de meilleures connaissances techniques pour poser des questions pertinentes à l'expert de l'Administration fiscale zambienne ; c'est pourquoi le directeur ou directeur adjoint de l'Unité de communication sur la coopération de l'Administration fiscale zambienne dirige désormais les interviews.

Cette initiative est un travail d'équipe qui mobilise tous les agents de l'Unité de l'éducation des contribuables. Les sujets de chaque émission sont définis lors d'une séance de planification trimestrielle organisée par l'Unité de l'éducation des contribuables. Ceux-ci peuvent être proposés par le personnel ou par les auditeurs. Il est souvent nécessaire de convaincre les agents des autres divisions de l'Administration fiscale zambienne de participer à l'émission, car ceux-ci ne sont pas officiellement tenus de contribuer à l'éducation des contribuables. Une première version du scénario de l'émission est rédigée par un agent de l'Unité de l'éducation des contribuables chaque semaine, puis révisée par l'équipe.

Aucune formation spécifique pour cette initiative n'a été dispensée aux agents, ni à aucun intervenant de ces interviews.

Le contrat annuel avec Radio Phoenix s'élève à 47 000 ZMW (environ 8 600 USD). À l'heure actuelle, il n'existe pas de budget spécifiquement alloué à l'éducation des contribuables ; l'émission est entièrement financée par le budget de fonctionnement du Service des études et de la planification de l'Administration fiscale zambienne.

Impacts

- Sensibilisation des contribuables. Radio Phoenix est retransmise dans quatre des neuf provinces zambiennes et couvre ainsi une zone de 643 km². Le nombre exact d'auditeurs est difficile à déterminer, mais nombre d'entre eux téléphonent pour participer en direct et l'émission de radio enrichit donc les connaissances des contribuables.
- Évolution de l'opinion. L'émission a changé le regard des contribuables sur l'Administration fiscale zambienne. Autrefois, la population n'appréciait pas vraiment les contacts avec l'Administration fiscale zambienne, mais il semblerait que cela ait changé grâce à sa nouvelle approche qui consiste à considérer les citoyens comme des partenaires (encadré 29.3).
- Évolution du civisme fiscal. Les contribuables prennent désormais mieux la mesure de leurs devoirs et de leurs droits, ce qui devrait augmenter le civisme fiscal.

Encadré 29.3. Sonder l'opinion des contribuables

En 2012, la Division des études et de la planification a réalisé une étude sur l'opinion des contribuables concernant l'équité et la clarté des informations communiquées par l'Administration fiscale zambienne. Une question – à laquelle 79 contribuables ont répondu – leur demandait s'ils savaient que l'Administration fiscale zambienne leur permettait : i) de former un recours, ii) d'exercer leurs droits et leurs devoirs et iii) de bénéficier d'un traitement équitable. Si un contribuable répond par l'affirmative aux trois questions, il considère que le traitement est équitable. Des coefficients égaux avaient été affectés à ces trois aspects pour calculer la note d'équité. L'étude a révélé que 73 % des clients de l'Administration fiscale zambienne avaient le sentiment d'être traités de manière équitable par les agents de l'Administration fiscale zambienne. De même, sur un échantillon de 75 contribuables, 96 % ont déclaré que les informations sur la fiscalité données par l'Administration fiscale zambienne étaient claires.

Source : Administration fiscale zambienne (2012), *Taxpayer Charter Monitoring Report, Second Quarter 2012,* Division de la recherche et de la planification, Administration fiscale zambienne, Lusaka.

Source : Administration fiscale zambienne (Zambia Revenue Authority, ZRA).

Enseignements

Comme l'éducation des contribuables n'est pas l'une des activités principales des fonctionnaires de l'Administration fiscale zambienne affectés à d'autres services, ceux-ci sont peu encouragés à y prendre part ou n'ont pas beaucoup de temps à y consacrer. Le directeur de l'Unité de l'éducation des contribuables a tenté de résoudre ce problème en demandant aux directeurs de divisions d'inciter leurs agents à participer au sein de leurs divisions.

L'émission de radio est une nouvelle initiative et aucune formation spécifique n'a été dispensée aux animateurs ou aux présentateurs en matière de relations publiques, de présentation et de traitement des questions en public. Davantage pourrait être fait dans ce domaine.

Étapes suivantes

À l'heure actuelle, il n'existe pas de budget spécifiquement alloué à l'éducation des contribuables, et le budget de fonctionnement du Service des études et de la planification de l'Administration fiscale zambienne a donc été utilisé pour financer cette initiative. L'an dernier, les activités d'éducation des contribuables ont été financées par le programme de gestion des dépenses publiques et de responsabilité financière (*Public Expenditure Management and Financial Accountability*, PEMFA) du ministère des Finances. À cause des contraintes financières, il ne sera pas possible de mettre en œuvre toutes les activités d'éducation des contribuables prévues pour2013. Celles-ci comprenaient la programmation d'émissions sur des stations de radios locales sur l'ensemble du territoire zambien, la diffusion de spots publicitaires et d'émissions à la télévision, l'organisation d'ateliers, de débats interscolaires sur les impôts et d'expositions itinérantes, la réalisation d'œuvres dramatiques et la distribution de brochures et de tracts.

Encadré 29.4. **Généralités sur l'Administration fiscale zambienne (ZRA)**

La ZRA a été créée en 1994 sous forme d'agence semi-autonome en vertu de la loi sur l'Administration fiscale zambienne. En suivant l'exemple donné par l'Ouganda en 1992, la Zambie est devenue le deuxième pays africain à adopter un modèle d'administration fiscale semi-autonome. L'Administration fiscale zambienne compte deux divisions opérationnelles : la Division des impôts nationaux (impôts directs et TVA) et la Division des services des douanes. Chacune de ces divisions est dirigée par un Commissaire. La ZRA a pour mission :

- de devenir une organisation de référence dans le monde, reconnue comme un modèle d'excellence dans le domaine de l'administration fiscale
- d'optimiser et d'assurer durablement le recouvrement des recettes au moyen de systèmes cohérents, efficaces, économiques et transparents, gérés de manière professionnelle pour répondre aux attentes des parties prenantes
- d'établir l'assiette et d'exiger, de prélever et d'encaisser toutes les recettes dues à l'État
- de veiller à ce que toutes les recettes perçues soient créditées au Trésor.

Pour plus de renseignements :

- Site internet : www.zra.org.zm
- Compte Facebook : www.facebook.com/pages/Zambia-Revenue-Authority/456894244349519?fref=ts
- Adresse électronique pour l'éducation des contribuables : advice@zra.org.zm

Source : Administration fiscale zambienne (Zambia Revenue Authority, ZRA).

Références

Administration fiscale zambienne (2012), *Taxpayer Charter Monitoring Report, Second Quarter 2012*, Division des études et de la planification, Administration fiscale zambienne, Lusaka.

Fjeldstad, O.-H. and K. K. Heggstad (2012), « Building taxpayer culture in Mozambique, Tanzania and Zambia: Achievements, challenges and policy recommendations », Rapport du CMI, R 2012:1, Chr. Michelsen Institute, Bergen, disponible sur : www.cmi.no/publications/publication/?4499=building-taxpayer-culture-in-mozambique.

ORGANISATION DE COOPÉRATION ET DE DÉVELOPPEMENT ÉCONOMIQUES

L'OCDE est un forum unique en son genre où les gouvernements œuvrent ensemble pour relever les défis économiques, sociaux et environnementaux que pose la mondialisation. L'OCDE est aussi à l'avant-garde des efforts entrepris pour comprendre les évolutions du monde actuel et les préoccupations qu'elles font naître. Elle aide les gouvernements à faire face à des situations nouvelles en examinant des thèmes tels que le gouvernement d'entreprise, l'économie de l'information et les défis posés par le vieillissement de la population. L'Organisation offre aux gouvernements un cadre leur permettant de comparer leurs expériences en matière de politiques, de chercher des réponses à des problèmes communs, d'identifier les bonnes pratiques et de travailler à la coordination des politiques nationales et internationales.

Les pays membres de l'OCDE sont : l'Allemagne, l'Australie, l'Autriche, la Belgique, le Canada, le Chili, la Corée, le Danemark, l'Espagne, l'Estonie, les États-Unis, la Finlande, la France, la Grèce, la Hongrie, l'Irlande, l'Islande, Israël, l'Italie, le Japon, le Luxembourg, le Mexique, la Norvège, la Nouvelle-Zélande, les Pays-Bas, la Pologne, le Portugal, la République slovaque, la République tchèque, le Royaume-Uni, la Slovénie, la Suède, la Suisse et la Turquie. La Commission européenne participe aux travaux de l'OCDE.

Les Éditions OCDE assurent une large diffusion aux travaux de l'Organisation. Ces derniers comprennent les résultats de l'activité de collecte de statistiques, les travaux de recherche menés sur des questions économiques, sociales et environnementales, ainsi que les conventions, les principes directeurs et les modèles développés par les pays membres.

FONDATION INTERNATIONALE ET POUR L'IBÉRO-AMÉRIQUE D'ADMINISTRATION ET DE POLITIQUES PUBLIQUES (FIIAPP)

La Fondation Internationale et pour l'Ibéro-Amérique d'Administration et Politiques Publiques (FIIAPP) est une agence de coopération internationale du Gouvernement espagnol. Ses objectifs sont l'amélioration des cadres juridiques et institutionnels, la performance des agences gouvernementales et la qualité de vie des citoyens dans les pays où elle intervient. Par l'intermédiaire de l'assistance technique publique (du secteur public vers le secteur public) principalement, elle permet l'échange et le transfert de connaissances et mobilise plus de 1 100 fonctionnaires chaque année pour mener des études et former des hauts fonctionnaires et des responsables politiques.

La Fondation est présidée par le vice-président du Gouvernement espagnol et les responsables des ministères espagnols des Affaires étrangères, de la Justice et de la Santé siègent à son Conseil. Leur présence, ainsi que celle d'autres représentants importants du Gouvernement espagnol, garantissent le plus grand soutien institutionnel aux initiatives de la FIIAPP.

EUROSOCIAL II

La cohésion sociale constitue l'une des principales priorités des relations entre l'Union européenne (UE) et l'Amérique latine (AL), tel qu'il en ressort des sommets successifs au cours desquels les Chefs d'État et de gouvernement ont décidé de soutenir cette priorité bi-régionale avec des ressources et contenus en lançant EUROsociAL. Ce programme de coopération technique européen reflète la préoccupation croissante au sujet de la cohésion sociale, considérée comme un " défi commun " par l'UE et l'AL.

EUROsociAL aspire à consolider un espace régional de dialogue sur la politique UE-AL autour de la cohésion sociale. Il s'agit d'un programme institutionnel et horizontal qui mobilise l'expertise publique européenne et latino-américaine dans un exercice d'apprentissage en équipe. Il est fondé sur une approche régionale de collaboration dans le but de relever les défis communs en matière de conception, de mise en œuvre, de gestion et d'évaluation des politiques, avec un impact positif sur la cohésion sociale.

La subvention pour la mise en œuvre d'EUROsociAL II (2011-2015) a été attribuée à un consortium dirigé par la Fondation Internationale et pour l'Ibéro-Amérique d'Administration et Politiques Publiques (FIIAPP, Espagne) et composé de plus de 40 institutions européennes et latino-américaines

ÉDITIONS OCDE, 2, rue André-Pascal, 75775 PARIS CEDEX 16
(23 2014 48 2 P) ISBN 978-92-64-23015-6 – 2015-17

www.ingramcontent.com/pod-product-compliance
Lightning Source LLC
LaVergne TN
LVHW080653011026
849160LV00014B/1411
* 9 7 8 9 2 6 4 2 3 0 1 5 6 *